Perdendo Tempo Com Deus
Por Que Sou Ateu

Paulo Bitencourt

Universo, Complexo de Superaglomerados Peixes-Baleia, Superaglomerado de Laniakea, Superaglomerado de Virgem, Grupo Local, Via Láctea, Braço de Órion, Onda Radcliffe, Bolha Local, Nuvem Interstelar Local, Sistema Solar, Terra

rebrand.ly/livrepensamento

Nem Só de Livro Viverá o Homem

Eu adoraria ser milionário. Com muito dinheiro, poderia fazer muita coisa boa. Por exemplo, mandar imprimir milhões de exemplares de *Perdendo Tempo Com Deus* e distribuí-los grátis. Farei isso, tão logo ganhe na Mega-Sena.

Se o caro leitor adquiriu este livro na Amazon, não foi a preço de banana. *Perdendo Tempo Com Deus* é publicado pela própria Amazon, mas só a americana e a europeia o vendem diretamente. Na Amazon brasileira, obras de autores independentes são comercializadas por atravessadores, perdão, distribuidores, inflando o preço delas.

A fim de oferecê-lo pelo menor preço possível, abri mão de lucrar com meu livro. Apesar de não ter sido a preço de banana, quando você o comprou isto é o que recebi de royalties: R$ 0,00.

Ainda bem que a esperança de ganhar na Mega-Sena é a última que morre.

Paulo Biten quem?

Nasci no Paraná, em 1966, mas passei a infância na cidade do Rio de Janeiro, numa época em que Deus ainda era brasileiro. Minha mãe levou a mim e meus três irmãos à igreja evangélica a que o pai dela levara a ela e os oito irmãos e irmãs dela. Quando me converti em adulto, meu pai, que era católico não praticante, converteu-se a essa igreja.

Não sou qualquer um. Afinal, tenho o mesmo nome de família que o desguedelhado compositor de "tchã, tchã, tchã, tchããããã…". Bitencourt é a versão francesa do sobrenome holandês Beethoven, de nobilíssimo significado: horta de beterrabas.

Eu sonhava em ser desenhista de histórias em quadrinhos e desenhos animados, mas uma voz na minha cabeça me mandou fazer Faculdade de Teologia e trabalhar para um brabo super-homem invisível. Em vez de fazer de mim um homem de Deus, estudar Teologia me fez ter dúvidas. Ao fim do quinto semestre, abandonei os estudos e me mudei para a Europa. Só não fui engolido por uma baleia porque fui de avião. Após curta estada em vários países, em 1990 me radiquei na cidade em que Ludwig van Horta de Beterrabas virou comida de minhoca: Viena, Áustria, onde me formei em Canto Lírico.

Sou autor também dos livros *Liberto da Religião: O Inestimável Prazer de Ser Um Livre-Pensador* e *Com Zeus Não Se Brinca: Loucuras da Crença em Deus.*

Índice

Prefácio

Quando o caro leitor terminar de ler esta frase, feche os olhos e pausadamente diga três vezes: "Saber".

Por mais incrível que possa parecer, crentes em Deus consideram ateus arrogantes. Incrível porque não é preciso ser um gênio para perceber que a verdade é o contrário. Ateus seriam arrogantes porque negariam a existência de Deus, apesar de saberem que ele existe. Ora, é impossível negar a existência do que se sabe que existe. Logo, ateus não negam a existência de Deus. Ateus apenas não creem em Deus. Afinal, por que deveriam? Crer não é saber. Crer pode ser satisfatório para uns, mas não o é para outros. Quando buscam Deus, ateus não só não encontram evidências da existência como até encontram evidências da não existência dele. E quando analisam os argumentos de quem alega ter encontrado Deus, ateus notam as falhas, incoerências, discrepâncias e ilogicidades deles.

Crentes não sabem se Deus existe. Por isso é que têm crença. Por isso é que têm fé. Por isso é que têm esperança. Mesmo assim, dizem que sabem. Constroem templos, batem em portas, escrevem livros e revistas, falam no rádio, televisão e internet, missionam em outros países, prometem proteção, cura, prosperidade, vida eterna e mansão de ouro. Uns inclusive ameaçam de tortura num lago de fogo e enxofre quem não crê em Deus, ou crê numa versão diferente. Outros chegam a se explodir perto de quem não crê em Deus, ou crê numa versão diferente.

Quem, então, é arrogante: quem não sabe se Deus existe ou quem não sabe se Deus existe e mesmo assim diz que sabe?

Como se vê, não acreditar em Deus é a mais pura humildade.

Uma vez que ser ateu nada mais é que não ter motivos para crer em Deus, a um ateu é impossível converter um crente ao Ateísmo. Descrença não tem conteúdo. Se não tem conteúdo, não tem doutrinas. Se não tem doutrinas, não tem ensinamentos. Se não tem ensinamentos, Ateísmo não é uma filosofia, nem ideologia e muito menos religião. Substitua "Ateísmo" por "falta de crença em Deus" e fica evidente que chamar Ateísmo de religião é ridículo. O Ateísmo só é uma "coisa" porque o Teísmo é comum e muitas pessoas acham perturbante não crer em Deus. Ninguém considera não crer no Papai Noel uma filosofia, ideologia ou religião, já que não crer no Papai Noel é a atitude padrão de todas as pessoas com mais de cinco anos de idade. Por conseguinte, não há necessidade duma palavra como Apapainoelismo, pois não há Papainoelismo para contrastar.

Ateus simplesmente explicam por que não creem em Deus, e essas explicações levam alguns crentes a refletir. Quando muito, o que ocorre é uma autoconversão à lógica, razão e coerência: o crente reconhece que não há motivos para crer em Deus.

Se o caro leitor é crente, meu objetivo não é convencer você a deixar de crer em Deus. É como se alguém tivesse me perguntado: "Paulo, por que você não crê em Deus?" ou "Você tem algo contra a crença em Deus?". A resposta é este livro.

Paulo Bitencourt

PS: A maioria dos crentes diz que verdade é só uma, deus é só um, livro sagrado é só um, religião verdadeira é só uma e igreja verdadeira é só uma. Por causa disso, decidi que este livro deveria ter só um capítulo.

"Não quero crer, quero saber."

— Paulo Bitencourt

[Quando publiquei essa frase em meus perfis sociais, fui informado de que seria de Carl Sagan. Trata-se, porém, de uma atribuição errônea. Ele nunca a disse ou escreveu.]

— Você acredita em Deus, Alan?

— Sim.

— O que ele é?

— Deus… é… um gás.

— Como assim?

— Bem, ele não é um gás pequeno, como o gás de botijão. Ele é uma coisa grande, como oxigênio. Ou dióxido de carbono. Não, esse é mau, né? Esse é o Diabo.

(Do episódio de TV *Knowing Me Knowing Yule With Alan Partridge*)

Por Que Sou Ateu

"Faça seu próprio deus, pinte-o de vermelho-sangue
e, no nome dele, golpeie seus inimigos até à morte.
Faça da religião uma espada, não tolere perguntas.
Quem pensar diferente é trucidado pela cruz.
Meu deus não é seu deus, mas qual deus é Deus?
Por isso, em seu nome nos golpeamos uns aos outros até à morte."

(Da canção *Mein Gott*, da Erste Allgemeine
Verunsicherung, uma banda austríaca de rock)

NASCI NO DIA 20 de dezembro de 1966. Pelo menos, isso é o que diz uma folha de papel. Olhando no espelho, não vejo motivos para duvidar. Se bem que, nos dias em que estou de bom humor, pareço um ano mais jovem.

Meus pais têm quatro filhos: O Mais Velho, O Segundo Mais Velho, eu e O Mais Novo. Minha cidade natal se chama Castro e fica no Paraná, estado de que também meus pais são originários e onde meninos se xingam de "tongo" e "piá de bosta". Juro por Deus: sou um ateu que nasceu num hospital chamado Bom Jesus, num bairro chamado Santa Cruz. Quem nasce em Castro é castrense. Só não para os moradores das cidades vizinhas. Eles gostam de chamar castrenses de castrados e, quando estão com vontade de dar estrondosas gargalhadas, recitam este comovente poema, cujo autor a polícia castrada, perdão, castrense ainda não sabe quem é:

Castro, cidade benta.
Não chove, não venta.
Não esfria, não esquenta.
Não diminui, não aumenta.
Ô cidade lazarenta!

Castro era conhecida como a terra do sapo, o bicho de que minha mãe mais tem nojo, depois de jacaré e cobra (Jesus disse que seus seguidores podem pegar serpentes com as mãos, mas minha mãe não pode vê-las nem na televisão).

Não sou conhecedor da história de Castro, mas que eu saiba nada de realmente importante aconteceu lá, além do meu nascimento. O maior orgulho de minha cidade natal é uma manteigueira, que teria sido usada por Dom Pedro II. Acredite quem quiser, o imperador do Brasil realmente foi a Castro. O caro leitor quer saber por quê?

— Não aguento mais essa vida interessante!
— Vossa Majestade está precisando de tédio.
— O que me sugeres, ó conselheiro real?
— Observar sapos em Castro.
— Onde diabos fica isso?
— No Paraná.
— Não há perigo de eu morrer de tédio?
— Não, se Vossa Majestade lá se detiver por apenas algumas horas.
— Perfeito! Providencia já a arrumação da minha mala. E não esquece a manteigueira real!

Se não foi roubada por uma quadrilha internacional e vendida a um colecionador em Marraquexe, a dita-cuja está exposta no Museu do Tropeiro, que é do tamanho do banheiro do British Museum.

No inverno, Castro pode ser bastante gélida, característica que lhe rendeu seu segundo maior orgulho: ter sido mencionada no *Jornal Nacional* como a cidade mais fria do Brasil — por uma noite.

Quando eu tinha um ano de idade, minha família se mudou para a cidade do Rio de Janeiro. Como todo mundo sabe, os ricos moram na Zona Sul. Adivinhe, caro leitor, onde moramos. Exatamente: na Zona Norte (onde está, por exemplo, a praia de Copacabana). Por cerca de nove anos, vivemos no bairro Quintino Bocaiúva. Morávamos em frente a uma igreja católica ladeada por um centro espírita. No cruzamento mais próximo, era comum nos depararmos com galinhas pretas, garrafas de cachaça, charutos e moedas, oferendados a algum deus afro-brasileiro. Nas galinhas, cachaça e charutos nós moleques não tocávamos, mas as moedas não éramos bobos de deixar lá: pegávamos para comprar doces. Obrigado, Umbanda! Ah, e obrigado também pelas guloseimas do Dia de São Cosme e Damião.

Meu pai era lanterneiro: consertava a lataria de automóveis. O dono da oficina em que meu pai trabalhava era um irmão de minha mãe. No ano em que completei dez anos, meu tio resolveu fechar a oficina e abrir uma nova em Brasília, pelo que nos mudamos para lá.

Na capital federal, meus pais não conseguiram encontrar apartamento, o que nos forçou a morar com outro irmão de minha mãe, que era sargento do Exército. Era uma situação difícil, pois ele tinha um filho pequeno. Esse tio e sua esposa eram evangélicos. A esposa de meu tio nos fazia sentir que não éramos o que se poderia chamar de bem-vindos.

O Mais Velho foi morar com uma irmã de minha mãe no interior de São Paulo. Igualmente evangélica, também essa tia não era o que se poderia chamar de poço de carinho.

Sem perspectiva de melhora, minha mãe pegou O Segundo Mais Velho, a mim e O Mais Novo e voltou para Castro. Meu pai ficou em Brasília. Outra vez dependendo de parentes, fomos morar num quarto dum velho hotel que pertencia a outra irmã de minha mãe. Igualmente evangélica, também essa tia não era o que se poderia chamar de fonte de ternura.

Para nos manter, minha mãe lavava e passava a roupa de hóspedes e fazia sonhos (pãezinhos redondos, recheados e fritos), que eram vendidos na padaria que pertencia a uma das filhas dessa tia e em que O Segundo Mais Velho, com 14 anos, trabalhava.

Algum tempo depois, minha mãe conseguiu alugar uma casa. Num estado que muitos paranaenses consideram mais avançado que o resto do Brasil, a privada ficava no quintal. Meses mais tarde, meu pai se juntou a nós e nos mudamos para uma casa melhor: com privada dentro.

Quando me propus a escrever meu primeiro livro, *Liberto da Religião*, decidi não revelar o nome da igreja a que fui induzido a pertencer. Eu não queria dar aos crentes o prazer de me acusar de ter me tornado ateu por mera decepção. Decepção pode levar alguém a dar as costas a uma igreja, mas raramente o transforma num ateu. Em geral, quem sai duma igreja entra noutra. Se não, torna-se um crente sem igreja. Após certo período de revolta, muitos desigrejados retornam à igreja de que saíram. Quando não é por decepção com a igreja, é por querer se ver livre de suas restrições. Muitas das regras impostas pelo Protestantismo puritano, que, importado dos Estados Unidos, é o que reina no Brasil, nem sequer têm base bíblica, como as proibições de fumar, beber álcool e café, usar maquiagem e joias, frequentar cinemas e teatros, ouvir música secular e dançar. Diferentemente de muitos, não saí da igreja por decepção, nem para me ver livre de suas restrições. Na verdade, não saí (apenas) da igreja, mas da religião, e isso por razões teológico-filosóficas, das quais as principais exponho neste livro.

Aqui, então, a tão aguardada revelação do grande mistério: fui… [música de suspense] adventista.

Numa época em que o Adventismo era relativamente novo no Brasil, meu avô materno foi convertido à Igreja Adventista do Sétimo Dia. Como não poderia deixar de ser, ele doutrinou sua prole nessa organização religiosa. Entretanto, acabou saindo da igreja. Alguns de seus filhos o seguiram e também saíram. Minha mãe ficou. Que sorte a minha (só que não)! Uns quinze anos mais tarde, ela viria a me dar à luz e, como não poderia deixar de ser, doutrinar-me nessa organização religiosa.

Religião separa as pessoas. Em 1989, eu cursava a Faculdade de Teologia do Instituto Adventista de Ensino, em São Paulo, em que eu era programado para ser um homem de Deus. Sem embargo, alguns neurônios de meu cérebro, miraculosamente não afetados pela lavagem cerebral religiosa, fizeram-me pensar, e pensar me fez duvidar, e duvidar me fez largar a faculdade e me mudar para a Europa, onde, dois anos depois, deixei de ir à igreja. Por essa época, só O Mais Novo ainda morava com meus pais. Quando eu os visitava, entre mim e ele não havia sintonia. Vivíamos em mundos diferentes: eu era o de fora da igreja. Pior: o de fora da igreja que vivia num continente depravado (Europa). Pior ainda: o de fora da igreja que vivia num continente depravado que me transformara num metido.

Alguns anos após eu sair da igreja, O Mais Novo também saiu. Todavia, ao contrário de mim, tão somente para poder fazer muitas das coisas que ela proíbe. Uma vez, minha mãe lhe perguntou: "O que são essas manchas dentro do seu carro?". Era vômito dum dos amigos com os quais meu irmão passara o final de semana bebendo. Foi só meu irmão sair da igreja que nosso relacionamento voltou a ser bom, quer dizer, normal. Passamos, por exemplo, a poder ir juntos a botecos jogar sinuca e beber cerveja. Ele até tinha uns exemplares da revista *Playboy* escondidos no armário, embaixo duma pilha de roupas. Outra coisa "satânica" que ele tinha: discos de rock.

Quando desse tipo de liberdade se cansou, para a igreja ele voltou (minha nossa, até rimou!), reerguendo o muro que separou o irmão de dentro da igreja do de fora e, assim, catapultando nossa boa relação de volta ao estado de dessintonia. Na verdade, ela se tornou pior, pois quem volta para a igreja geralmente volta mais devoto, por vezes fanatizado. Antes de sair, O Mais Novo era um simples esquenta-banco. Após voltar, passou a pregar e inclusive foi eleito ancião da igreja, cargo que em algumas denominações é chamado de presbítero, a maior autoridade leiga duma congregação protestante. Meu irmão é um dos que decidem se um membro deve ser riscado da igreja, por exemplo por beber cerveja, líquido que ele, enquanto fora dela, ingeriu aos litros. Numa de minhas passagens por Castro, mencionei, à mesa, os buracos negros. O Mais Novo retrucou: "Buraco negro é coisa de cientista maluco!". Foi assim que, surpreso, descobri que ele voltara para a igreja. Toda semana, por 24 horas, meu irmão me proibia de usar a internet, que ele, do alto de seu legalismo e (falso) moralismo, desligava antes do pôr do sol de sexta-feira e ligava depois do pôr do sol de sábado, o esquisito "dia" sagrado dos adventistas, baseado no *shabat* judaico.

Como a maioria das que foram fundadas nos Estados Unidos, a Igreja Adventista é uma denominação de linhagem puritana. Os puritanos foram cristãos cujo objetivo era alcançar a pureza (como se isso fosse natural) seguindo a Bíblia à risca (como se isso fosse possível). O problema com os fanáticos é que odeiam ver gente desfrutando a vida. Conscientes de que ser fundamentalista é a coisa mais insuportável que existe (para os puritanos, tudo era pecado), não cansam de tentar enfiar seu fundamentalismo goela abaixo de todo mundo. Quanto mais pessoas forem fundamentalistas, menos insuportável o fundamentalismo parecerá. De saco cheio do Puritanismo, no século XVII a Inglaterra expulsou os puritanos. E para onde haveriam de ir os chatos que ninguém queria? Para a América, claro. Quando quer a terra de alguém, mas ele não a quer vender, o que você faz? Aquilo que cristãos por séculos fizeram com as terras de povos que não adoravam o deus que manda dar também a capa a alguém que quer só a túnica: tira a terra dele à força. Ao que tudo indica, adorar o deus da Bíblia é por ele recompensado com brilhantismo, pois os puritanos tiveram uma brilhante ideia para roubar aquela terra de seus legítimos donos: arma biológica. Exalando o amor de Jesus por todos os poros, os invasores fingiam amizade e presenteavam os nativos com lenços e cobertores propositadamente infectados com varíola. Em 1637, em Connecticut, esses literalistas bíblicos tacaram fogo num vilarejo da tribo pequot. Quem tentou escapar foi morto a bala. Nesse ataque, pereceram cerca de 700 índios, incluindo idosos, mulheres e crianças. Cada vez que americanos celebram o Dia de Ação de Graças, estão agradecendo a Deus também por genocídios como esse.

Algumas igrejas são piores que outras, mas todas são ruins, pois todas estão fundamentadas em absurdidades, perversidades e hipocrisia. Pegue uma igreja, qualquer uma, e estude sua história, a começar pela vida de seus fundadores. Você logo descobrirá que ela, para usar uma expressão alemã, tem cadáveres no porão, isto é, que no passado dela há coisas que ela, por lhe causarem embaraço, prefere ocultar. Talvez um ou mais de seus pioneiros eram polígamos, ou pedófilos, ou racistas, ou apoiaram ditadores, ou escreveram imbecilidades ou foram presos por tentarem entrar nos Estados Unidos com milhares de dólares escondidos entre as páginas duma Bíblia, como o apóstolo Estevam e a bispa Sônia, da Igreja Apostólica Renascer em Cristo.

A Igreja Adventista é resultado do Movimento Millerita, liderado pelo camponês, depois xerife, depois militar, depois pregador batista americano William Miller. Na sua juventude, Miller leu Voltaire, David Hume e Thomas Paine, que o fizeram largar o Cristianismo e abraçar o Deísmo: a crença num deus que está se lixando para sua criação. Em 1812, Miller foi para a guerra contra os britânicos. O forte em que ele estava teria sido cruelmente alvejado pelo inimigo. Uma bomba teria explodido a cerca de meio metro de Miller, ferindo três soldados e matando um. Miller, contudo, não teria sofrido um único arranhão.

Se um avião com 300 passageiros cair, 299 morrerem e o sobrevivente for crente, este dirá: "Graças a Deus!". Se for pentecostal, exclamará: "Aleluia!". Se for neopentecostal, acrescentará "Xerebecanto!", rodopiará e se jogará no chão. Em sua sobrevivência, o crente vê a prova da existência de Deus. Entretanto, se Deus existe e age dessa maneira, é sádico, e adorá-lo torna as pessoas não só insensíveis como também egocêntricas, pois quem sobrevive a uma fatalidade acredita que Deus o ama mais que a outros. Além disso, se um sobrevivente é uma prova de que Deus existe, não deveriam 299 vítimas ser 299 provas de que Deus não existe? Também William Miller cometeu essa falácia, voltando a adorar um deus que, só para provar sua existência e demonstrar seu amor a algumas poucas, manda um monte de pessoas para o beleléu.

Como eu disse, quem volta para a igreja geralmente volta mais devoto, por vezes fanatizado. Com Miller, não foi diferente. Morrendo de vontade de se encontrar com o deus que o protegera da bomba que estraçalhou um de seus camaradas, Miller abriu a Bíblia e deu de cara com uma profecia que ele interpretou como revelando o ano da volta de Jesus. Segundo seus cálculos, o Nazareno retornaria entre 21 de março de 1843 e 21 de março de 1844. Feliz da vida, Miller pregou sua fantástica descoberta aos quatro cantos do Nordeste dos Estados Unidos. Milhares de membros das mais variadas igrejas caíram no conto do vigário, perdão, pregador. Muitos deles doaram tudo que possuíam ou deixaram as plantações de suas fazendas ao deus-dará. Certos de que logo iriam morar em mansões de ouro, houve quem quebrou todos os móveis da casa. De túnicas brancas, alguns foram esperar Jesus em cumes de montes; outros, em copas de árvores. Como o Nazareno obviamente não voltou e algumas pessoas adoram se esborrachar no chão, Miller teve a magnífica ideia de fixar uma nova data: 18 de abril de 1844. Dessa queda o pregador não se levantou. E há aqueles que não podem ver uma vergonha que já querem passar. Foi o caso de Samuel Snow, um ex-ateu convertido por Miller, que estabeleceu mais uma data: 22 de outubro de 1844. Além de seguidor dum lunático, perdão, fanático, acho que Snow era adepto da Filosofia do Agora Vai (ou seria Filosofia do Agora Vem?). Em todo caso, fiel ao filme *A Volta dos Que Não Foram* Jesus não voltou. Por mais incrível que possa parecer, Snow continuou a fixar novas datas. Desmoralizado, morreu jurando por Deus ser a reencarnação do profeta Elias.

Há tantas crenças religiosas porque, infelizmente, o mundo está cheio de pessoas dispostas não apenas a acreditar em malucos como também a continuar a neles acreditar mesmo que fique provado que o que pregam é maluquice. Isso é notório em religiões cujo foco são profecias sobre o fim do mundo. Quando decepcionados, em vez de mandarem sua crença para o Inferno, o que seria igual a admitir terem se deixado fazer de trouxas, os crentes mais devotos dão novas, por vezes ainda mais disparatadas, interpretações às profecias falhadas. Os adventistas de carteirinha, por exemplo, passaram então a dizer que o ano de 1844 foi corretamente predito, mas que o erro foi achar que Jesus voltaria, quando, na verdade, nesse ano ele começou a limpar o templo celeste dos pecados dos cristãos. Note que, ao transferirem a profecia para um evento invisível, os adventistas engenhosamente saíram da sinuca de bico em que tinham se metido e ainda por cima inibiram críticas, uma vez que o cumprimento dessa profecia não tem como ser nem provado nem refutado. Foi a partir desse contorcionismo interpretativo que, alguns anos mais tarde, a Igreja Adventista do Sétimo Dia foi fundada.

Esse fenômeno está exemplificado no livro *When Prophecy Fails (Quando a Profecia Falha)*, do psicólogo social americano Leon Festinger, criador da Teoria da Dissonância Cognitiva. Quando uma pessoa acredita de corpo e alma que, em determinado dia, o mundo acabará, mas o mundo não acaba, nela ocorre dissonância: acreditar que o mundo acabará e saber que ele não acabou entram em desarmonia e, portanto, conflito. Já que viver com conflitos internos é angustiante, a pessoa então busca harmonizar crença e realidade. Se sua crença for superficial, o crente pode restabelecer consonância deixando de acreditar no fim do mundo. Se, no entanto, for profunda, ele restaura o equilíbrio fazendo ajustes em sua crença. Em 1954, Festinger e alguns de seus colegas se infiltraram numa seita americana denominada A Irmandade dos Sete Raios, liderada por Dorothy Martin, que teria recebido uma mensagem dos guardiões dum planeta chamado Clarion dizendo que, no dia 21 de dezembro daquele ano, a Terra seria inundada por um dilúvio e destruída. Quem acreditasse nessa profecia seria buscado por um disco voador e levado para Clarion. Como o disco voador obviamente não veio, os membros da irmandade começaram a chorar. E agora, José? Martin então teve a fantástica ideia de receber uma nova mensagem dos extraterrestres, revelando que a fé do grupo fora tanta que movera Deus a cancelar o cataclismo. A Terra fora salva por ninguém menos que A Irmandade dos Sete Raios. Obrigado, Irmandade dos Sete Raios!

Se Deus existe e, como os crentes não cansam de afirmar, nele crer é lógico, por que essa balbúrdia de crenças? Ao longo da História, a Humanidade adorou inúmeros deuses, e estima-se que hoje haja 4.200 religiões. Todas as grandes religiões são subdivididas em ramificações, sendo o Cristianismo a campeã, com milhares de denominações, embora a Bíblia faça questão de frisar que "Deus não é Deus de confusão" (1 Coríntios 14:33). Imagine se fosse! O simples fato de haver tantos deuses e religiões é evidência de que Deus ou não existe ou não está nem aí.

A própria Igreja Adventista sofreu diversas cisões, a maior delas por incitar seus membros ao patriotismo, encorajando-os a pegar em armas e lutar na Primeira Guerra Mundial, o que levou a uma rebelião que resultou na fundação da Igreja Adventista do Sétimo Dia Movimento de Reforma, hoje também subdividida. A pior das ramificações adventistas se chama Ramo Davidiano, na década de 1990 liderada pelo profeta David Koresh. Se para seguir uma religião é necessário ser lobotomizado, para seguir uma seita é necessário ser acéfalo. Na de Koresh, era proibido ter relações sexuais, pelo que os homens casados eram obrigados a entregar suas esposas ao profeta (ô glória!), o único autorizado por Deus a molhar o biscoito, perdão, afogar o ganso. Mesmo pequeno, o Ramo Davidiano apareceu em todas as TVs do planeta. Alegando estoque ilegal de armas, a polícia tentou invadir a sede da seita, um rancho próximo à cidade texana de Waco. No tiroteio, foram mortos quatro policiais e seis davidianos. Durante o cerco que se seguiu e custou milhões de dólares aos cofres públicos, Koresh declarou ser a reencarnação de Cristo. Tudo acabou 51 dias depois numa gigantesca bola de fogo, em que 76 davidianos, incluindo o profeta e várias crianças, morreram. Em nome de Jesus. Apesar de tudo isso, o Ramo Davidiano continua a ter seguidores, que se reúnem sob novo nome e nessa tragédia veem um mero castigo divino por Koresh ter ousado se igualar ao Filho de Deus. O que as pobres crianças tinham a ver com as blasfêmias desse maluco eu não sei.

Atualmente, o Adventismo tem passado por tantas fragmentações que para elas já está ficando difícil encontrar nomes, como provam a Igreja Adventista do Sétimo Dia da Reforma Completa e a Igreja Adventista do Sétimo Dia da Completa Reforma. Só faltou as sedes delas serem em frente uma da outra.

Se um remédio não cura a maioria das pessoas da doença para a qual foi desenvolvido, é de pouca utilidade. Se piora a condição de muitos doentes, tem de ser retirado do mercado. Se a Humanidade está doente, Deus é o remédio e a maioria das pessoas acredita em Deus, ou seja, toma esse remédio, é evidente que tem pouco ou nenhum efeito, do contrário o mundo teria de ser muito melhor do que é. Conquanto crentes sempre tenham sido a maioria, a história da Humanidade sempre foi um mar de sangue. Ademais de absurdo, seria ridículo afirmar que tudo que está errado no mundo é causado pela pequena minoria de descrentes, que se hoje não passa de 15% no passado decerto foi ainda menor. Crer em Deus jamais impediu humanos de praticar desumanidades. Pelo contrário: muitas atrocidades foram cometidas justamente por causa da crença em Deus, semelhante a um remédio que, em vez de fazer bem, faz mal.

Esta não é, portanto, uma questão trivial, mas essencial: Se a Humanidade está doente e Deus é o remédio, por que a história da crença em Deus é tão bárbara? Por que cristãos não foram e não são melhores que não cristãos? Além de massacrarem praticantes de outras religiões, como o Judaísmo e o Islã e as nativas dos continentes europeu e americano, seguidores do amor de Jesus passaram não cinco, nem dez, nem 50, nem 100 anos, mas séculos se perseguindo, torturando e liquidando uns aos outros. Séculos! Católicos matavam protestantes, protestantes matavam católicos, católicos matavam católicos e protestantes matavam protestantes, por exemplo os que eram contrários ao batismo de bebês ou à doutrina da Trindade. Conflitos armados entre católicos e protestantes, como a Guerra dos Trinta Anos, cujo número de mortos pode ter chegado a 11,5 milhões, devastaram extensas áreas da Europa. Se for capaz, imagine adeptos do "Amem os seus inimigos" mutuamente se trucidando por 30 longos anos! Em todo esse tempo, quantas vezes foram à missa e ao culto, quantos sermões ouviram e quantos Pai Nossos rezaram, a oração que diz "Perdoa-nos as nossas ofensas, assim como perdoamos os que nos ofendem"? Se a pílula cristã surtia efeito, claramente era o contrário.

Perto da história do Cristianismo, o mais medonho filme de terror é comédia. Algumas décadas após terem se apropriado de mosteiros e conventos, os protestantes do Reino Unido proibiram os católicos de congregar. Morrendo de ódio, em 1605 o católico Guy Fawkes encheu de pólvora o porão do Parlamento. Antes de conseguir mandá-lo para o espaço, Fawkes foi traído, preso, torturado e esquartejado. Suas partes foram distribuídas pelos quatro cantos do reino e expostas como advertência, do tipo "Estão vendo no que dá mexer com cristãos de verdade?". Ainda hoje, os protestantes britânicos celebram a Noite de Guy Fawkes, que consiste em queimar em grandes fogueiras bonecos desse católico e soltar rojões.

Seguidores de Jesus não tinham compaixão nem mesmo por gestantes. Em 1574, Margaret Clitherow, da cidade inglesa de York, converteu-se ao Catolicismo. Faltar aos cultos da protestante Igreja da Inglaterra rendia multas a Clitherow e amiúde a forçava a ver o Sol nascer quadrado. Seu terceiro filho nasceu na prisão. Grávida do quarto, em 1586 Clitherow foi condenada à morte — por esmagamento. Seu crime: abrigar sacerdotes católicos, salvando-lhes a vida. Despiram a pobre mulher, sobre uma pedra pontiaguda deitaram-na de costas, a porta de sua própria casa puseram sobre ela e em cima depositaram pedregulhos totalizando 356 quilos. Era Sexta-Feira Santa.

Jesus ter pregado a mansidão jamais inibiu seus seguidores de pegar em armas. Até 100 milhões de pessoas morreram na guerra entre a China imperial e o Reino Celestial Taiping, um estado teocrático liderado por Hong Xiuquan, um cristão autoproclamado Filho de Deus. Jesus ter pregado o amor nunca impediu seus seguidores de roubar as terras de outros povos e escravizá-los. A invasão e colonização das Américas levou ao extermínio de até 138 milhões de indígenas. Documentos como o *El Requerimiento* provam que os adoradores de Jesus tinham plena convicção de estar fazendo a vontade de Deus ao dominarem nações não cristãs. Isto é o que, em 1856, escreveu o inglês Edward Wilson, editor do jornal australiano *The Argus*, sobre o exemplo de amor cristão que os britânicos davam aos aborígenes:

> Em menos de 20 anos, quase os varremos da face da terra. Derrubamo-los a tiros como cães. Fingindo amizade, demos-lhes pães com corrosivos, entregando tribos inteiras às agonias duma excruciante morte. Tornamo-los bêbados e os infectamos com doenças que apodreceram os ossos de seus adultos e torturaram suas crianças desde o instante de seu nascimento. Exilamo-los em suas próprias terras e os estamos rapidamente levando à completa aniquilação.

Ao apresentar notícias de extrema violência, diversas vezes José Luiz Datena, âncora do programa *Brasil Urgente*, assistido por milhões de pessoas, associou a crueldade dos bandidos a "gente que não tem Deus no coração". Quem, em sã consciência, diria, por exemplo, que as Cruzadas foram coisa de gente sem Deus, se algumas delas foram estabelecidas justamente para o extermínio de hereges? Fiel ao princípio de que verdade é só uma, o papa Inocêncio III (1160-1216) não gostou nem um pouco de saber que no sul da França havia uma religião cristã chamada Catarismo, com doutrinas divergentes das da Igreja Católica. Apesar de suas diferenças teológicas, cátaros e católicos viviam em harmonia, mas isso não interessava ao pontífice, que tinha ordens dum ser invisível para não permitir concorrência. Se de seus seguidores a Bíblia exigisse tolerância religiosa, cristãos jamais teriam perseguido, aprisionado, torturado e matado, muito menos feito guerras. Visto que ela ensina exatamente o contrário, o líder espiritual da "religião do amor" enviou à região da Occitânia um exército de discípulos da versão católica de Jesus. Perguntado sobre como distinguir cátaros de católicos, o comandante Arnaud Amalric teria respondido: "Matem todos. O Senhor sabe quais são os seus". No mínimo, 200.000 homens, mulheres e crianças foram mortos. Quem tinha o azar de não ser abatido era cegado, arrastado por cavalos e usado para a prática de tiro ao alvo. Por fim, as cidades eram queimadas. Qualquer semelhança com os genocídios das nações vizinhas a Israel ordenados pelo deus da Bíblia não é mera coincidência.

Grosso modo, católicos são menos fanáticos que evangélicos. Contudo, uma vez que a Igreja Católica, que é a maior, tem mais de 1,3 bilhão de membros, apenas 20% deles serem fanáticos (pessoas que têm "zelo excessivo pela religião" [*Dicionário Houaiss*]) equivaleria a um Brasil e uma Argentina inteiros de católicos fanáticos. Num grupo de debates do Facebook (em que católicos e evangélicos mutuamente se ridicularizam), publiquei sobre o genocídio dos cátaros, e vários papistas defenderam o que chamaram de "combate aos hereges", como se, em nome de Jesus, exterminar um povo (que, ainda por cima, igualmente venerava Jesus) fosse a coisa mais natural — e cristã — do mundo. Por divergirem da "sã doutrina", os cátaros teriam merecido ser massacrados. Citaram São Tomás de Aquino e a bula pontifícia *Exsurge Domine*, para provar que executar hereges é bíblico e um dever da Igreja. Um católico, a quem eu disse "Sua igreja matou muita gente", redarguiu: "Matou pouco. Se tivesse matado o suficiente, você não estaria aqui falando abobrinha". Cristãos como esses sonham com a volta das guerras santas e da Santa Inquisição.

Se só 20% de todos os católicos, muçulmanos e protestantes forem fanáticos, vivemos num mundo em que pelo menos 800 milhões de crentes em Deus, ou quase as populações das Américas do Norte e do Sul juntas, adorariam ver descrentes, hereges e seguidores de outras religiões serem liquidados.

Poucos anos antes de sentenciar os cátaros ao aniquilamento, Inocêncio III teve a brilhante ideia de organizar uma cruzada para tomar Jerusalém das mãos dos muçulmanos, gente que também adora o deus de Abraão. A caminho da Terra Santa, os cruzados arrasaram duas cidades cristãs: Zadar e Constantinopla, antiga Bizâncio. Em *Byzantium and Europe (Bizâncio e Europa)*, o especialista em história bizantina Speros Vryonis conta:

Por três dias, [os cruzados] assassinaram, estupraram, saquearam e destruíram numa escala que até os antigos vândalos e godos teriam achado inacreditável. [...] Os franceses e outros destruíram indiscriminadamente, parando para se refrescar com vinho, estuprar freiras e assassinar clérigos ortodoxos. Os cruzados expressaram seu ódio pelos gregos da forma mais espetacular na profanação da maior igreja da cristandade. Destruíram os iconóstases de prata, ícones e livros sagrados da Santa Sofia e sentaram no trono patriarcal uma prostituta que cantava canções vulgares enquanto bebiam vinho dos vasos sagrados da igreja. O distanciamento entre o Oriente e o Ocidente, que prosseguira ao longo dos séculos, culminou no horrível massacre que acompanhou a conquista de Constantinopla. Os gregos estavam convencidos de que mesmo os turcos, se estes tivessem tomado a cidade, não teriam sido tão cruéis quanto os cristãos latinos [católicos romanos]. A derrota de Bizâncio, já em estado de declínio, acelerou a degeneração política, de modo que os bizantinos acabaram se tornando presas fáceis para os turcos. A Quarta Cruzada e o movimento das Cruzadas em geral resultaram, em última análise, na vitória do Islã*, um resultado que obviamente foi o exato oposto de sua intenção original.

[* Esse massacre enfraqueceu Constantinopla, hoje Istambul, e possibilitou sua conquista pelos muçulmanos]

Seria grotesco afirmar, por exemplo, que a queima de bruxas, perpetrada tanto por católicos quanto protestantes, foi obra de "gente que não tem Deus no coração", já que matar feiticeiras inclusive é mandamento bíblico. Os muçulmanos que arremeteram aviões contra as Torres Gêmeas do World Trade Center, em Nova Iorque, não eram gente sem Deus, mas com Deus até ao pescoço.

"Mas Paulo, os cristãos que praticavam essas barbaridades não eram cristãos de verdade!" Essa é a famosa Falácia do Escocês de Verdade, também conhecida como Apelo à Pureza. Visto ser inegável que a história das religiões, sobretudo a cristã, é um mar de sangue, aos religiosos só resta tentar excluir de seu grupo os que consideram maus exemplos. É uma falácia lógica porque visa jamais aceitar as evidências apresentadas. Imagine, caro leitor, que ao ler um jornal da Inglaterra um cidadão da Escócia se depara com a manchete "Mulher é atacada por maníaco sexual". O escocês diz: "Com certeza, não era escocês. Nenhum escocês faria algo assim". No dia seguinte, o mesmo jornal traz a notícia dum crime ainda mais hediondo, dessa vez revelando ter sido perpetrado por um cidadão da Escócia. Desconcertado e decidido a não admitir que seus compatriotas são capazes de cometer delitos dessa natureza, o escocês agora diz: "Nenhum escocês de verdade faria algo assim".

Dizer que os cristãos que, ao longo da História, praticaram selvagerias não são cristãos de verdade é dar um tiro no próprio pé, pois é confirmar que Deus é um remédio ou inútil ou nocivo à maioria dos doentes, uma vez que não se trata nem de poucos casos de selvageria nem de selvageria praticada por poucas pessoas, nem de selvageria praticada por pouco tempo. Estamos falando da prática de perseguição, tortura, invasões, racismo, escravidão, extermínio, etc., cultivada direta ou indiretamente por tementes a Deus por muitas centenas de anos.

No desespero de querer provar que "gente que não tem Deus no coração" é má, cristãos adoram exclamar: "O Comunismo matou tantos e tantos milhões!", como se fosse um ridículo concurso de quem matou mais: religião ou Ateísmo. Ignoremos que (como mostrei no Prefácio) é impossível Ateísmo ser religião e matar e que mesmo a mais ateia das ditaduras socialistas também é religião (explico isso depois) e raciocinemos: se, a despeito de todo esclarecimento, conhecimento, Ciência, meios de comunicação e internet, hoje ateus não passam de 15% da população, não é preciso ser um gênio para deduzir que, somando todas as guerras e massacres da história da Humanidade, muito mais pessoas foram (e são) mortas por crentes que por descrentes.

A pergunta que não quer calar é: "Se ter Deus no coração faz as pessoas serem boas, por que num mundo em que a maior parte delas crê em Deus houve, e ainda há, tantas guerras?". Juro por Deus que eu adoraria que, sem incorrer na Falácia do Escocês de Verdade, um cristão me tirasse esta dúvida: "Se a esmagadora maioria dos europeus é cristã e, por conseguinte, crê num deus que lhes ordena amar e perdoar os inimigos, como pôde na Europa haver tantas batalhas?". Até a Wehrmacht, as forças armadas do homem com bigodinho de Charles Chaplin, teve "Deus Conosco" como lema.

A menos que o caro leitor seja nazista (caso em que eu retiraria o "caro" desta frase), você considerará o Nazismo uma aberração, em especial pelo extermínio de seis milhões de judeus (somando tudo, a ascensão de Adolf Hitler ao poder resultou na morte de cerca de 85 milhões de pessoas). Ora, Hitler, que era católico, não proibiu o Cristianismo. Quantos dos muitos milhões de cristãos alemães e austríacos que toda semana iam à igreja ouvir sermões sobre o amor de Deus saíram, então, às ruas para protestar contra o racismo e discurso de ódio do Führer? Se, baseados nos tais "valores cristãos", na Alemanha e Áustria os seguidores de Cristo tivessem se oposto a Hitler, nenhuma de suas atrocidades teria sido possível. A verdade é que a grande maioria não só não se opôs ao genocida como até de corpo e alma o apoiou. Em todos aqueles anos, continuaram a congregar, ler a Bíblia e orar. Tiveram, portanto, tempo mais que suficiente para cair em si e se dar conta de que estavam defendendo e até participando de coisas abominadas por seu Mestre.

E por falar em nazistas, o homem que, para os evangélicos, mais teve Deus no coração tinha tanto ódio por judeus que se deu ao trabalho de escrever um livro conclamando à queima de sinagogas.

Quando expôs as supostas heresias da Igreja Católica e fundou o Protestantismo, Martinho Lutero se baseou na Bíblia, a mesma que nunca o fez sentir que odiar católicos, anabatistas, ciganos, "bruxas" e judeus é errado. Pior: pecado.

A segregação racial praticada pelo Nazismo é fichinha, perto da praticada pelo Cristianismo. Os guetos nazistas existiram por três anos, mas o Gueto de Roma, instituído em 1555 pelo papa Paulo IV, existiu por — acredite quem puder — 333 anos. Os muros que confinaram a mais antiga comunidade judaica fora da Palestina tiveram de ser pagos pelos próprios judeus, que, forçados a viver em condições sub-humanas num bairro frequentemente alagado pelo rio Tibre, perderam todos os seus direitos e aos sábados eram obrigados a ouvir sermões cristãos. Nesses mais de três séculos, nenhum cristão parou e bradou: "Irmãos, estamos fazendo o contrário do que Jesus ensinou!". Note que esse apartheid foi abolido não por amor, mas porque o rei Vítor Emanuel II acabou com o milenar domínio da Igreja: os Estados Papais foram tomados e anexados ao Reino da Itália.

Em 2019, o Brasil passou a ser presidido por um certo Jair Messias Bolsonaro, cujo lema é "Deus Acima de Todos". Exatamente como o cristão Hitler, o cristão Bolsonaro jura ter uma missão de Deus (o que lhe teria sido confirmado ao sobreviver a uma facada dada por um cristão que jura que também tinha uma missão de Deus). Conforme reportagem da revista *Veja*, de 1987, Bolsonaro planejou ataques terroristas à bomba em quartéis do Rio de Janeiro, o que foi atestado pelos coronéis responsáveis pela investigação. Quando tinha 44 anos e estado na política já por mais de uma década, Bolsonaro deu uma entrevista à TV Bandeirantes em que declarou: "Sonego tudo que for possível [impostos]. Sou favorável à tortura. O Brasil só vai mudar quando partirmos para uma guerra civil, fazendo o trabalho que o regime militar não fez, matando uns 30 mil, começando com o presidente Fernando Henrique Cardoso". Num comício, em 2018, empunhando um tripé de câmera como se fosse uma metralhadora Bolsonaro falou em fuzilar simpatizantes do Partido dos Trabalhadores. A campanha desse católico (que já como presidente se prostrou aos pés do bilionário bispo evangélico Edir Macedo [homem de Deus preso em 1992 por charlatanismo, estelionato e curandeirismo] e por ele foi ungido) se baseou sobretudo em "valores da família tradicional". Segundo o *Catecismo da Igreja Católica*, para a qual o matrimônio é indissolúvel, por ter se casado três vezes Bolsonaro se encontra em estado de pecado mortal. Apesar de tudo isso e muitas outras incoerências, 70% dos evangélicos votaram em Bolsonaro, que é respaldado por milhares de pastores e padres. Eleito, Bolsonaro chamou o torturador Carlos Alberto Brilhante Ustra de herói nacional, louvor repetido por Marco Feliciano, pastor da Assembleia de Deus. Numa reunião ministerial, em 2020, entre dezenas de palavrões e xingamentos Bolsonaro esbravejou: "Quero todo mundo armado!".

Como poderia um homem que diz e faz essas coisas ser, por exemplo, convidado de honra da Marcha Para Jesus, evento que reúne milhões de cristãos? Imagens dessa marcha de 2019 mostram Bolsonaro, com colete à prova de balas por baixo da camiseta estampada com uma cruz e a palavra Jesus (como todo cristão que quer ir para o Céu, Bolsonaro também têm medo de morrer), gesticulando como um pistoleiro com um revólver em cada mão. Enquanto um mar de crentes em sua frente grita "Mito!", a seu lado pastores e pastoras (mulheres que desobedecem ao apóstolo Pauló, que manda o sexo feminino ficar de bico calado na igreja) dão risada. Seriam os milhões de seguidores de Jesus que apoiam Bolsonaro cristãos de mentira? Meus pais e irmãos, que não são pentecostais, mas adventistas, as únicas pessoas deste lado da Via Láctea que sabem interpretar a Bíblia corretamente, também votaram em Bolsonaro. Seriam meus familiares, que não passam um dia sem falar com Deus, cristãos de mentira?

Em crentes em Deus, políticos como Donald Trump e Jair Bolsonaro causam dissonância cognitiva, conflito interno resultante de desarmonia entre crença e realidade. Assim como fazem com Trump, milhões de evangélicos acreditam que Bolsonaro foi escolhido por Deus para liderar uma guerra do bem contra o mal. Não obstante, em 2022 Bolsonaro perdeu a reeleição (Trump, em 2020). É natural, então, perguntar: Como pôde isso acontecer? Não tinha ele sido escolhido pelo Criador do Universo? Teria Deus dormido no dia da eleição? Teria ele estado ocupado, por exemplo brincando de jogar estrelas em buracos negros? E os bilhões de orações que, em quatro anos, foram feitas em prol desse enviado de Deus? Por que não foram atendidas? Estaria o Criador do Universo velho e, portanto, surdo? Como pôde o mal vencer o bem? Como pôde Deus perder para o Diabo?

As evidências históricas contradizem a noção de que a crença em Deus faz bem à Humanidade. Rejeitá-las é negar a realidade para escapar duma verdade psicologicamente desconfortável. A própria Bíblia conta a história de pessoas que cometeram barbarismos justamente por causa de sua devoção a Deus. Todavia, visto terem sido motivados por fervor religioso, elas são retratadas não como maus, mas bons exemplos.

Uma delas é Jefté, o gileadita, um homem que, por ser filho de prostituta, era tratado com desprezo. Jefté, no entanto, era forte e valente. Por isso, diante da iminente ameaça de invasão pelos amonitas os líderes de Israel lhe imploraram que comandasse o exército. Forte e valente, porém sem experiência em atravessar corpos com uma espada, o gileadita fez uma promessa à divindade bíblica: se ela o ajudasse a derrotar os invasores, ele lhe ofereceria como holocausto de gratidão o primeiro ser que, saindo de sua casa, viesse a seu encontro. Possuído pelo Espírito do Senhor, Jefté destroçou os agressores. De volta para seu *home sweet home*, a filha lhe saiu ao encontro "dançando e tocando pandeiro" (Juízes 11:34). Em razão da promessa que fizera, a montanha de músculo começou a chorar, mas foi logo confortada pela donzela, que encorajou o pai a levar a cabo o cumprimento de seu voto.

Supondo que excepcionalmente esta história bíblica não seja lenda, por motivos óbvios alguns cristãos se recusam a aceitar que o guerreiro tenha assassinado a filha para Deus. Em vez disso, a rapariga teria ido viver reclusa numa espécie de convento. Judeus, entretanto, acreditam que Jefté realmente torrou a filha num altar. O *Midrash Rabá* e *Midrash Tanhuma* (comentários bíblicos redigidos por rabinos há mais de mil anos) elucidam que, objetivando dar uma lição à montanha de músculo, a fim de que nunca mais prometesse algo tão estúpido, Deus fez a filha sair ao encontro do pai. Isso mesmo: a divindade que supostamente abomina sacrifício humano levou um pai a sacrificar a própria filha, só para ensinar a ele que seu deus abomina sacrifício humano. Como se imolar pessoas, pior ainda, os próprios filhos fosse a coisa mais natural do mundo, Jefté foi premiado com o posto de juiz, equivalente a rei de Israel.

Com muita atenção, leia, caro leitor, esta passagem de Ezequiel, livro que consiste quase inteiramente de (terríveis) ameaças de castigo ao assim chamado povo de Deus por — fazendo uso do livre-arbítrio — adorar outras divindades:

> Eu os contaminei com suas ofertas idólatras e permiti que oferecessem seus primeiros filhos como sacrifícios a seus deuses, para que eu os devastasse e lhes mostrasse que somente eu sou o Senhor.

Pelos bigodes de Hitler e Stalin! Sem enrubescer, o deus da Bíblia confessa que deixa crianças serem queimadas por seus próprios pais a fim de ter motivo para avassaladoramente puni-los (a ponto de quase exterminá-los) e mostrar quem manda no pedaço. O ocupadíssimo Javé, que em várias ocasiões livrou personagens bíblicos da morte, dá-se ao trabalho de castigar os pais, mas não ao de salvar os filhos.

Calma, caro leitor, que a bestialidade de Jefté ainda não acabou. Os homens da tribo de Efraim eram fogo na roupa. Não só não agradeceram à montanha de músculos por ter dizimado os amonitas como até ficaram bravos de não terem sido convidados para a matança. Tão bravos que ameaçaram queimar o gileadita (como se vê, queimar pessoas estava na moda. Quando, muitos séculos mais tarde, o Cristianismo se tornasse a religião oficial da Europa, queimar pessoas voltaria a estar na moda). Como resolvem dois grupos de adoradores do deus de amor um conflito entre si? Com a espada, naturalmente. Travou-se então uma guerra entre os judeus de Gileade e os de Efraim. E quem venceu? A montanha de músculo, claro. Contudo, Jefté era chegado demais em crueldade para se contentar apenas com vencer uma guerra. Sabendo que para retornar a Efraim os efraimitas tinham de cruzar o rio Jordão, Jefté ordenou que seus homens controlassem os passadouros e a quem cruzava submetessem ao famoso Teste Para Descobrir Se Alguém É Efraimita. Quando alguém queria passar, perguntavam: "Efraimita?". Se respondia: "Deus me livre!", mandavam-no dizer "chibolete". Mais ou menos como os argentinos que não conseguem pronunciar "lho" e, em vez de "milhões", dizem "mijões", os efraimitas não conseguiam pronunciar "chi" (o que é incrível, pois Israel é menor que o estado de Sergipe). Quem, em vez de "chibolete", dizia "sibolete" não passava: era transpassado, isto é, furado por uma espada. A despeito de ter imolado a filha e matado 42.000 homens de seu próprio povo só por não conseguirem pronunciar "chi", Jefté é exaltado em Hebreus 11:32 ao lado do rei Davi como Herói da Fé que praticou a justiça.

Imagine se as monstruosidades de Jefté estivessem relatadas não na Bíblia, mas no Alcorão. Não haveriam os cristãos de tomá-las como prova de que o Islã é uma religião malévola e a adoração de Alá incita à prática de perversidades? De fato, não são poucos os cristãos que veem no livro sagrado do Islã a fonte da violência islâmica, apesar de a Bíblia conter mais relatos de carnificinas perpetradas por crentes em Javé que o Alcorão por crentes em Alá.

O caro leitor quer ser queridinho do deus da Bíblia e por ele condecorado? Nada mais fácil: assassine um casal que acredita num deus diferente. Números 25 narra que Javé soltou fumaça pelas ventas, quando viu israelitas adorarem a divindade dum país vizinho. (A propósito, se ele é o deus verdadeiro, por que render culto a deuses falsos, ou seja, que não existem fazia Javé arder de ciúme e bufar de raiva?) Tanto assim que, além de, como de costume, mandar uma praga, exigiu que, "para que o fogo da ira do Senhor se afaste de Israel", os hereges fossem enforcados. (Seria coincidência que, muito tempo depois, cristãos passariam séculos enforcando "feiticeiras"?) Movido pelo amor de Deus, Fineias, um sobrinho-neto de Moisés, pegou uma lança e, de uma tacada, varou um homem e sua namorada. Comovido, Javé cessou a peste (que já dizimara 24 mil pessoas), gabou o zelo de Fineias, com ele fez uma "aliança de paz" e o promoveu a sumo sacerdote. A *Nova Tradução na Linguagem de Hoje* traz Javé aplaudindo assim o ato de atravessar duas pessoas com uma lança: "Fineias é como eu: não tolera a adoração de outros deuses".

Se Números 25 não é suficiente para fazer você rejeitar essa religião, o que diz isso sobre você como pessoa? Se Deus existe e a Bíblia é a Palavra de Deus, Deus é assim. E se Deus é assim e manda para o Inferno quem rejeita Deus por Deus ser assim, é com muito orgulho e prazer que eu, Paulo Bitencourt, vou para o Inferno.

Em face de tanta barbaridade, é impossível um crente cujo cérebro não está completamente comprometido pela lavagem cerebral religiosa não se perguntar: "É a Bíblia de origem divina?".

Se fosse, deveria ser um livro que nenhum homem seria capaz de produzir. Deveria trazer a perfeição da Filosofia, estar em perfeito acordo com todos os fatos da Natureza e não conter erros em Astronomia, Geologia ou qualquer assunto ou ciência. Sua moralidade deveria ser a mais elevada e pura. Suas leis e regulamentos para o controle da conduta deveriam ser justos, sábios, perfeitos e perfeitamente adaptados para a realização dos fins desejados. Não deveria conter coisa alguma que tornasse o homem cruel, rancoroso, vingativo ou infame. Deveria ser repleto de inteligência, justiça, pureza, honestidade, misericórdia e espírito de liberdade, opor-se a conflito, guerra, escravidão, lascívia, ignorância, credulidade e superstição, desenvolver o cérebro e civilizar o coração, satisfazer o coração e o cérebro dos melhores e mais sábios e ser verdadeiro. [...] Se um ser infinito é o autor da Bíblia, ele conhecia todas as ciências e fatos e não poderia ter cometido um único erro. Se, todavia, há erros, equívocos, falsas teorias, mitos e disparates na Bíblia, tem de ter sido escrita por seres finitos, quer dizer, homens ignorantes e equivocados. [...] Por séculos, a Igreja insistiu que a Bíblia era absolutamente verdadeira, não continha erros [...]. Agora, isso mudou. Os cristãos instruídos admitem que os escritores da Bíblia não foram inspirados em ciência alguma [...] e escreveram [...] de acordo com a ignorância geral daquela época. Foram necessários muitos séculos para forçar os teólogos a essa admissão. Cheios de malícia e ódio, relutantemente os clérigos se retiraram de campo, deixando a vitória para a Ciência. Tomaram outra posição: declararam que os autores, ou melhor, escritores da Bíblia foram inspirados só em coisas espirituais e morais [...]. Esta, agora, é a questão: estaria a Bíblia mais próxima da verdade em suas noções de justiça, misericórdia, moralidade ou religião que em sua concepção de ciências? É moral? Defende a escravidão e sanciona a poligamia. [...] É misericordiosa? Em guerras, levantou a bandeira negra e ordenou a destruição e massacre de todos [...]. Foram suas leis inspiradas? Centenas de ofensas eram punidas com a morte. [...] Na literatura mundial, nenhum código penal é mais sangrento. A lei de Javé era a lei da vingança e retaliação. [...] Isso é selvageria, não Filosofia. É justa e racional? A Bíblia se opõe a tolerância e liberdade religiosas. Quem discordava da maioria era apedrejado até à morte. Questionar era crime. Maridos eram obrigados a denunciar e ajudar no assassinato de suas esposas descrentes. É inimiga da Arte: "Não farás imagem de escultura". Essa foi a morte da Arte. A Palestina nunca produziu um pintor ou escultor. É civilizada? A Bíblia apoia a mentira, furto, roubo, assassinato, venda de carne estragada a estrangeiros e até o sacrifício de seres humanos a Javé. É filosófica? A Bíblia ensina que os pecados dum povo podem ser transferidos para um animal, e faz da maternidade uma ofensa para a qual tinha de ser feita uma oferta pelo pecado. Era mau dar à luz um menino e duas vezes pior dar à luz uma menina. Fazer óleo para os cabelos, como o usado pelos sacerdotes, era uma ofensa punível com a morte. O sangue dum pássaro morto sobre água corrente era considerado remédio. Haveria um deus civilizado de tingir seus altares com o sangue de bois, cordeiros e pombas, fazer de seus sacerdotes açougueiros e se deliciar com o cheiro de carne queimada? [...] Por que deveríamos colocar Javé acima de todos os deuses?

(Robert Green Ingersoll, About the Holy Bible, 1894)

Após milênios de selvagerias religiosas (aprendidas com que divindade mesmo?), no século XVIII as pessoas finalmente começaram a se dar conta de que há uma direta relação entre crença em Deus e intolerância. Quaisquer que sejam os bons ensinamentos da Bíblia (que nem sequer são exclusivos dela), jamais impediram cristãos de perseguir, torturar e matar irmãos na fé que pensavam diferente, quem dirá seguidores de outras religiões. Pense, por exemplo, nos milhões de judeus que, ao longo da História, foram expulsos de seus países ou mortos por cristãos, apesar de adorarem o mesmo deus. A constatação de que religião gera sectarismo e violência porque é obscurantismo deu à luz o Iluminismo, que germinou governos seculares, em que há separação entre Igreja e Estado. Quanto menos religioso, menos bárbaro o mundo se tornou. As sociedades mais tolerantes são justamente aquelas em que a maior parte da população dá nenhuma ou pouca importância à adoração de divindades.

Com certeza, essa frase fez o caro leitor pensar na União Soviética de Stalin ou na China de Mao Tsé-Tung ou no Camboja de Pol Pot. Não se engane: ditaduras socialistas são nações extremamente religiosas. Sua religião é o Estado; seu deus, o Líder Supremo. Numa palestra aos funcionários da Google, de 2007, o jornalista e escritor britânico Christopher Hitchens declarou:

Stalin diz que o tempo todo se deve dar graças ao líder e o tempo todo ele deve ser louvado por sua gentileza e bondade. Aliás, ele sempre manteve a Igreja Ortodoxa Russa a seu lado. Ela permaneceu parte do regime. Stalin não era tão estúpido a ponto de não saber que tinha de fazer isso. Hitler e Mussolini fizeram um acordo ainda mais agressivo com a Igreja Católica e algumas das protestantes. E lembrem-se: outra grande figura do eixo do mal daquela época, o imperador do Japão, não foi apenas uma pessoa religiosa, mas de fato um deus. Então, Fascismo, Comunismo, Estalinismo e Nazismo não são, na verdade, nada seculares, como algumas pessoas pensam, e são muito mais religiosos que a maioria das pessoas pode imaginar.

Estive na Coreia do Norte. Posso lhes dizer que a Coreia do Norte é o Estado mais religioso em que já estive. Quando criança, eu costumava me perguntar como seria louvar Deus e agradecer-lhe dia e noite. Bem, agora o sei, pois a Coreia do Norte é um Estado completamente adorável. Está configurado só para isso, para a adoração. E falta só um para uma Trindade. Têm um Pai e um Filho, como vocês sabem, o Querido Líder e o Grande Líder. O Pai ainda é o presidente do país. Está morto há quinze anos, mas Kim Jong-il, o pequeno, é apenas o chefe do Partido e do Exército. Seu pai ainda é o presidente, o chefe de Estado. Então, você tem na Coreia do Norte o que se pode chamar de necrocracia. Um, só um, falta para uma Trindade*: Pai, Filho, talvez nenhum Espírito Santo, mas dizem que por ocasião do nascimento do mais novo as aves da Coreia cantaram em coreano para celebrar o acontecimento. Devo adicionar que eles não ameaçam seguir você depois de sua morte. Você pode deixar a Coreia do Norte. Você pode sair do Inferno e Paraíso deles morrendo. Do cristão e do muçulmano, você não pode.

[* Em 2011, Kim Jong-un, neto do fundador da Coreia do Norte, tornou-se Líder Supremo, assim criando a Trindade]

Não é irônico que liberdade religiosa venha justamente de secularismo, ou seja, de vetar a intromissão da religião na política? Por que não há liberdade religiosa em teocracias islâmicas? Porque são teocracias: governos em que quem manda é o deus da religião da maioria. Cristãos que combatem a laicidade do Estado e misturam religião com política, dos quais o Brasil está cada vez mais cheio, não têm moral para protestar contra a falta de liberdade religiosa em teocracias muçulmanas, já que elas não estão fazendo outra coisa senão governar pelos ensinamentos de seu deus, exatamente o que esses cristãos querem para seu próprio país. Ser cristão, democrata e pró-Estado laico é sofrer de dissonância cognitiva, pois democracia e laicidade são produtos do secularismo e, portanto, doutrinas antibíblicas. Israel não era uma democracia, e sim teocracia. Note que onde não há liberdade religiosa não há liberdade de expressão. O que acontecia com os israelitas que ousavam criticar os representantes de Javé? Eram apedrejados. Para inibir o pensamento crítico, os autores da Bíblia inventaram histórias em que Deus fulminava rebeldes, ou, por causa deles, castigava também inocentes, enviando exércitos inimigos, secas ou pestes.

Quando Javé livrou da fornalha ardente os amigos de Daniel, o rei da Babilônia ficou tão impressionado que decretou:

Se qualquer pessoa, não importando sua raça, nação ou língua, disser uma palavra contra o Deus de Sadraque, Mesaque e Abede-Nego, ela será despedaçada, e sua casa, transformada num monte de escombros.

(Daniel 3:29)

Em nenhum momento, os três hebreus disseram: "Ô louco, rei! O que é isso? Com todo respeito, majestade, esse decreto é um absurdo! Nosso deus é o inventor do livre-arbítrio. Para ele, uma das coisas mais importantes é liberdade de consciência. Javé não se importa de ser criticado. Pelo contrário: adora críticas! É com as críticas que ele aprende. Podemos lhe confessar uma coisa, majestade? Promete que não vai ficar brabo? Nós judeus debochamos de todos os deuses de todos os povos, inclusive do seu. Então, vocês também podem debochar do nosso! Nosso deus é seguro de si. Beleza?".

Se nunca os impediu de perseguir, expulsar, torturar, queimar e escravizar, seguir Jesus não pode ser o motivo por que cristãos pararam de praticar essas coisas. Liberto das garras da Igreja, o Estado secular pôde criar leis que transformaram em crimes as barbaridades ordenadas pelo deus da Bíblia. Consequentemente, a razão por que hoje cristãos não mais perseguem, expulsam, torturam, queimam e escravizam é esta: medo de ir para a prisão.

"Mas Paulo, você está exagerando e sendo injusto!" Será? Vejamos: se não é por medo de ir para a prisão que cristãos não mais cometem as monstruosidades que por séculos cometeram, então só pode ser porque reconhecem que são monstruosidades. Isso não seria dar um tiro, mas jogar uma bomba atômica no próprio pé, pois seria admitir que seu deus deu ordens monstruosas, que, por isso mesmo, merecem ser desobedecidas. Existe coisa mais monstruosa que assassinar a pedradas os próprios filhos por quererem seguir uma religião diferente?

> Se alguém o instigar secretamente, seja seu irmão, seu filho ou filha, sua esposa querida ou seu amigo mais chegado, e disser: "Vamos adorar outros deuses!", deuses que nem você nem seus antepassados conheceram, deuses dos povos vizinhos ou de povos dos confins da terra, não ceda nem dê ouvidos. Não tenha pena dele, não o poupe nem o proteja. Execute-o! Dê o primeiro golpe e, em seguida, todo o povo participará da execução. Apedrejem os culpados até a morte, pois eles tentaram afastá-lo do Senhor, seu Deus.
>
> (Deuteronômio 13:6-10)

Se, como pai, não consigo imaginar que um pai tenha coragem de matar o próprio filho nem mesmo se este for criminoso, muito menos por este mudar de religião (lembrando que Deuteronômio 21:18 manda apedrejar os filhos também por serem rebeldes). Essa é uma das muitas leis dadas por Javé que em cristãos causam severa dissonância cognitiva, metem-nos em sinuca de bico e os deixa entre a cruz e a espada. Se essa ordem valia só para aquela época (a mais famosa das desculpas que cristãos dão às partes da Bíblia que lhes causam desconforto e embaraço), Deus não se importa mais que alguém adore outro deus. Se não quer mais que essa ordem seja cumprida, Deus muda de ideia. Se matar os próprios filhos a mando de Deus foi certo no passado, não pode ser errado no presente. Se foi errado, Deus mandou fazer coisas erradas. Se Javé e Jesus são o mesmo deus, essa ordem foi dada por Jesus.

"A crença num deus cruel torna o homem cruel."

— Thomas Paine

Vez ou outra, um pai ou uma mãe mata os filhos e à polícia diz que ouviu a voz de Deus mandando fazer isso. E como reagem os cristãos a essas notícias? Chamam esses pais de loucos.

Quando os hebreus se cansaram de esperar por Moisés, que subira o monte Sinai para falar com Javé (alguns problemas precisam ser resolvidos pessoalmente), Arão lhes fez um deus de ouro, a quem adoraram e ofereceram sacrifícios. Morrendo de ciúmes, Javé apontou o lança-chamas celestial na direção dos israelitas e bradou: "Sai da frente, Moisés!". O líder hebreu redarguiu que torrar todo o povo, pulverizando também idosos e crianças, arranharia a imagem de Javé no exterior. Com o dedo no gatilho, Javé ficou calado. Moisés então o instou a se arrepender dessa explosão de fúria. E não é que o onisciente Javé se arrependeu? Antes que o caro leitor pense que Moisés era bonzinho, chegando lá embaixo o libertador de Israel, a quem a Bíblia chama de homem mais manso da Terra, gritou:

"Todos que estiverem do lado do Senhor, venham até aqui e juntem-se a mim!". E todos os levitas se reuniram ao redor dele. Moisés lhes disse: "Assim diz o Senhor, o Deus de Israel: 'Cada um de vocês pegue sua espada e vão e voltem de uma extremidade à outra do acampamento. Matem todos, até mesmo seus irmãos, amigos e vizinhos'". Os levitas obedeceram à ordem de Moisés, e cerca de três mil pessoas morreram naquele dia. Então Moisés disse aos levitas: "Hoje vocês se consagraram para o serviço do Senhor, pois lhe obedeceram mesmo quando tiveram de matar seus próprios filhos e irmãos. Hoje vocês receberam dele uma bênção".

(Êxodo 32:26-29)

Matar os próprios filhos foi o teste de aptidão profissional dos levitas para trabalhar para Deus como sacerdotes.

Javé é comparável ao poderoso chefão dum clã mafioso que dissemina pavor mediante ameaças, violência e assassinatos a fim de conquistar poder, controle e respeito. Que valor têm adoração e obediência provenientes de medo? Sentir prazer nesse tipo de devoção é próprio de ditadores.

Por que é errado pais baterem em seus filhos? Porque, além de ser covardia, ensina às crianças que é certo obter respeito pela força. *Spanking and Child Outcomes (A Surra e Seus Resultados em Crianças)*, o mais completo estudo baseado em 50 anos de pesquisa realizada por especialistas da Universidade do Texas e da Universidade do Michigan e que envolveu 160.000 crianças, publicado em 2016, conclui que quanto mais as crianças apanham mais desafiam os pais e experimentam comportamento antissocial, agressividade, problemas de saúde mental e dificuldades cognitivas. Seria coincidência que a Bíblia manda adorar um deus castigador e encoraja pais a castigar seus filhos?

Se um pai bater nos filhos é covardia, um deus enviar inundações, secas, fomes e pestes contra suas criaturas é o que? A propósito, se Deus encontra tempo para castigar a Humanidade, por que não para erradicar doenças e impedir o estupro de crianças?

A Bíblia diz que Deus é, entre outras coisas, perfeito, onipotente e amoroso e deu o livre-arbítrio. Ora, um deus perfeito não sente falta de coisa alguma. Logo, não sente falta de adoração. Um deus onipotente teria à sua disposição infinitas possibilidades de fazer suas criaturas compreenderem que devem adorá-lo, ou seja, não precisaria coagi-las por meio de ameaças. Um deus amoroso não castigaria por não ser adorado. Um deus que deu o livre-arbítrio não castigaria por razão alguma: se a recompensa por obedecer é a vida eterna, ele deixaria desobedientes morrerem naturalmente. Seu "castigo" seria a morte eterna — e nada mais. Sem embargo, o que na Bíblia temos é um deus que não se cansa de demonstrar que odeia o livre-arbítrio e a liberdade de consciência. Javé jamais aceitou a vontade e decisões dos hebreus.

Se me pedissem para resumir o *Velho Testamento* numa palavra, eu diria: "Castigo". Esse amontoado de cópias de cópias de mais cópias de farrapos de fragmentos de pergaminhos da Idade do Ferro (dos livros bíblicos não há originais e só uma cópia é completa) não é sobre outra coisa senão uma divindade cruelmente fustigando pessoas por fazerem uso do livre-arbítrio que ela mesma lhes deu.

Em 1971, George Johnson, um policial de Nova Iorque, prendeu um homem que vasculhava casacos à procura de dinheiro num prédio da Times Square. Em vez de chamar uma viatura, Johnson levou o larápio para a delegacia dez quarteirões a pé. Enquanto caminhavam, fumavam e conversavam amigavelmente. Quando lá chegaram, Johnson foi informado de que seu prisioneiro era um criminoso procurado e com histórico de ataques a policiais. Indagado como conseguira trazer um homem perigoso para a delegacia caminhando, Johnson respondeu: "Acho que gostou de ter sido tratado com respeito".

Quiçá Javé tivesse logrado levar os israelitas a fazer o que queria se os tivesse "tratado com respeito", em vez de soltar fogo pelas ventas, ameaçá-los e castigá-los. Por sorte, os relatos bíblicos sobre a ira de Deus são lendas. São tão cruéis que não é preciso ser um gênio para perceber que foram escritos com o propósito de amedrontar. Um povo amedrontado é facilmente controlado.

Ao longo da História, até os mais tiranos dos reis perdoaram um ou outro condenado à morte, mas Javé não era capaz de perdoar uma pessoa nem por ela apenas juntar lenha no sábado. A mando dele, era sumariamente apedrejada. O mesmo deus que na cruz bradou "Pai, perdoa-lhes, porque não sabem o que fazem" não perdoou dois seres inocentes (Adão e Eva não faziam a mínima ideia do que é o bem e o mal) por darem uma dentada numa fruta.

Por causa dessa famosa dentada, a sogra do Segundo Mais Velho, adventista devota, de ir à igreja mais de uma vez por semana, passou seis meses no leito dum hospital, lentamente agonizando de câncer. Foi tão triste que minha mãe, cuja fé em Deus é forte, não teve coragem de visitá-la. A pergunta que não quer calar é: "Havia necessidade disso?". Só masoquistas responderiam que sim. Não havia necessidade alguma de Deus amaldiçoar sua criação, trazendo sofrimento, flagelos, desgraças, tragédias e catástrofes naturais sobre bilhões de inocentes. Esse extra foi puro sadismo.

Não obstante indizível aflição, ninguém da família da minha cunhada e da minha reconheceu que adora o deus sádico duma religião perversa. Continuam louvando Deus "com brados de júbilo" (Salmos 66:1), o que não é de causar espanto, visto ser doutrina do próprio Cristianismo que dor e sofrimento são técnicas que Deus usa para de seus servos obter ainda mais submissão, adoração e dependência, como confirma Juan de Paula Santos Siqueira, pastor da Igreja Batista do Redentor, em seu artigo *Glorificando a Deus na Provação: Não Desperdiçando o Sofrimento*:

A dor é a melhor forma de fazer o cristão crescer em intimidade com Deus. O sofrimento produz fé e perseverança, tornando o crente mais maduro e íntegro. O sofrimento também faz com que o cristão se identifique com Cristo (participando de seu sofrimento na cruz para o perdão dos nossos pecados), para glória de Deus e aprendizado no exercício de sua alegria e contentamento em Deus.

Dois anos após eu me radicar na Europa, eu disse adeus a Deus. Embora eu não me considerasse um, na prática eu me tornara ateu, já que vivia sem me importar com seres invisíveis celestiais. Passados quinze anos, comecei a notar que as batidas de meu coração eram irregulares. Angustiado, chorei algumas vezes, uma delas em frente ao cardiologista. Em conformidade com o que a Bíblia ensina, vi nessa aflição uma advertência de Deus, pelo que voltei a ir à igreja e orar, em especial para que ele fizesse meu coração tornar a bater normalmente. Ali estava eu adorando uma divindade que me infligira sofrimento para me constranger a adorá-la. Ali estava eu implorando a uma divindade que me livrasse dum sofrimento que ela me infligira.

Em 1974, o empreiteiro de obras evangélico Chuck Fulmore estava deprimido num leito de hospital. Fora operado nas costas, o que o obrigaria a mudar de profissão, justo quando, em virtude dum mau negócio, perdera todo seu dinheiro. Alguns anos antes, sua filha de 13 anos morrera de leucemia. O empreiteiro se perguntava: "Será que Deus está me castigando por meus pecados?". Dois dos amigos de igreja de Fulmore o visitavam diariamente. Tentavam animá-lo, mas não conseguiam. Uma tarde, entraram no quarto dizendo: "Hoje animaremos você, ou vai ou racha!". Um deles tirou a camisa. Com exceção da cabeça e mãos, todo seu corpo fora queimado num fogo industrial. Por isso, era coberto de cicatrizes. Numa de suas incontáveis passagens por hospitais, contou ele, uma enfermeira o ajudou a encontrar Jesus. Os três amigos choraram. Naquele dia, Fulmore, que é músico amador, pediu a Deus inspiração para uma canção que desse esperança a outros em situação desesperadora. Disso resultou *Trials Make Pure Gold (Provações Fazem Ouro Puro)*:

Há provações na vida que parecem maiores do que posso suportar.
Há dores de coração além da imaginação.
Sem provações na vida, talvez eu nunca me ajoelhe para orar
e jamais saberia que Jesus realmente se importa.

Pois são as provações que nos aproximam do Céu.
E são as provações que nos trazem indizíveis bênçãos.
E são as provações que nos aproximam de Jesus.
E são as provações que fazem ouro puro.

Sem provações na vida, talvez eu nunca clame ao Senhor
e jamais conheceria a alegria de orações respondidas.
Sem provações na vida, talvez eu nunca ouça as palavras:
"Bem está, meu filho. Entra no gozo do teu senhor".

Temos aqui um homem que, por mais incrível que possa parecer, acha bom seu deus matar (ou não curar) sua filha e fazê-lo perder dinheiro, saúde e profissão só para torná-lo mais devoto. Imagino que para isso a Psicologia (ou seria Psiquiatria?) tenha um nome. De quebra, seu amigo imaginário lhe soprou a letra para uma música capaz de levar outras pessoas a querer sofrer para "se aproximarem de Jesus".

Quando tinha 15 anos, em 1967 um mergulho fez a americana e mais tarde escritora evangélica Joni Eareckson Tada ficar tetraplégica. Em seu artigo *Por Que Deus Não Cura Pessoas Que Amamos?*, de 2016, Tada diz:

> Espero poder levar minha cadeira de rodas para o Céu, segurar as mãos perfuradas de Jesus e dizer: "Estás vendo esta cadeira de rodas? Tinhas razão, quando disseste que no mundo teríamos problemas. Esta cadeira de rodas foi um grande problema. Mas quanto mais fraca nela eu ficava, mais fortemente em ti eu me apoiava. E quanto mais em ti eu me apoiava, mais forte para mim ficavas. Obrigada por essa bênção. Minha cadeira de rodas me mostrou um lado da tua graça que de outra forma eu nunca teria visto".

Só nos Estados Unidos, mais de 50 milhões de pessoas vivem com dor; no Reino Unido, 27 milhões. Todo santo dia. O deus de amor criou a dor. Isso é ensinamento da Bíblia. Em 2020, Tada, que perdera um seio para um câncer de mama, escreveu em seu site:

> Apesar de ter vivido com dor crônica por muitos anos, descobri que é um estranho presente, pois minha dor crônica me empurrou e jogou nos braços de Cristo. [...] A dor é uma bênção contundente, mas mesmo assim uma bênção. Um estranho e escuro companheiro, mas mesmo assim um companheiro. Um convidado indesejado, mas mesmo assim um convidado, trazido por Deus. E no que diz respeito ao efeito da dor em nossas vidas, sei que me leva a um lugar mais próximo e mais doce de comunhão com Jesus. Se você está lutando com a dor, aceite-a como se estivesse segurando a mão esquerda de Deus. [...] Que Deus lhe dê a graça de reconhecer a dor como um incomum e estranho presente do Senhor Jesus.

Se a dor é um presente de Jesus, seria o analgésico um presente de Satanás?

Jó era um queridinho de Deus. Fazia tudo certinho. Se Deus envia sofrimento para trazer as pessoas para mais perto de si, Jó pertencia ao pequeno grupo daquelas que disso não precisavam. Um milímetro mais perto de Deus e Jó entraria no Céu. Sacrificava animais até por pecados que seus filhos poderiam ter cometido inconscientemente. Mesmo assim, só para ganhar uma aposta cujo resultado ele já conhecia, Deus autorizou Satanás a destroçar a vida do bom Jó, matando seus filhos e cobrindo-o de "feridas terríveis, da sola dos pés ao alto da cabeça". Segurando o rojão e aguentando as pontas com paciência de Jó, em vez de, como queria sua esposa, mandar Deus para os quintos dos infernos, Jó exclamou: "Louvado seja o nome do Senhor! [...] Aceitaremos da mão de Deus apenas as coisas boas e nunca o mal?" (Jó 1:21;2:10). Deus então disse a Satanás: "Viu só? Ganhei a aposta, trouxa!", e deu uma gargalhada tão estrondosa que o Céu quase veio abaixo.

O sofrimento é castigo de Deus para pessoas más e provação de Deus para pessoas boas. É coisa de louco.

Se a história de Isabel Cristina Mrad Campos não é prova de que cristãos adoram uma divindade sádica, não sei o que é. Vinte e um anos após conferir a Campos o título de Serva de Deus, em 2022 a Igreja Católica a beatificou, o primeiro passo do processo que a transformará em santa, com direito a ser venerada. Razão: Campos sofreu horrivelmente resistindo a um estuprador, que nela bateu com uma cadeira, amarrou-a, amordaçou-a e esfaqueou-a. A oração pela beatificação de Campos, dirigida a um deus que, em sua Palavra, promete proteger quem o adora, mas não protegeu a jovem, diz: "Sede louvada, Trindade Santa, na pessoa da Serva de Deus Isabel Cristina, que deu a vida em defesa de sua pureza e virgindade. Dai-nos a graça de imitá-la". Por mais incrível e perverso que possa parecer, o martírio de Campos é motivo para agradecer a Deus e louvá-lo.

Devoção a Yahweh, aliás, Elohim, aliás, El Shaddai, aliás, Yeshua não impede cauterização da consciência. A grande maioria dos seguidores de Jesus não vive como ele mandou, mas pensa ou finge que vive. De todas as ideologias, a campeã na formação de hipócritas é o Cristianismo, pois o que de seus adeptos exige chega a ser sobre-humano: "Assim como é santo aquele que os chamou, sejam santos vocês também em tudo o que fizerem" (1 Pedro 1:15). Cristãos não só não são santos como podem ser, por exemplo, tão desonestos quanto não cristãos. A despeito do famoso "Dai a César o que é de César", sempre que possível também seguidores de Jesus sonegam impostos. Pode soar insignificante, talvez ridículo, mas não deixa de ser desonestidade: no meu tempo de igreja, a frase "Proibida a cópia e distribuição" não inibia nem a mim nem a meus camaradas evangélicos de fazer cópias de discos, distribuir as fitas cassetes entre os amigos e fotocopiar songbooks de música religiosa.

Em 1986, eu tinha 19 anos e frequentava a maior Igreja Adventista de Curitiba, em que eu era musicalmente ativo. Um cantor que ganhava dinheiro vendendo seus discos de igreja em igreja me convidou para participar de algumas faixas de seu novo long-play. A gravação seria em São Paulo e de madrugada. Tive de viajar à noite e retornar no mesmo dia, visto que o cantor não me oferecera um quarto de hotel. Na base da amizade cristã, eu não esperava que esse irmão na fé fosse me pagar cachê, mas pelo menos que mencionasse meu nome nos créditos e me desse um disco de presente. Nem mencionou meu nome nos créditos nem me deu um disco de presente. Quando lhe pedi um, o cantor me disse que eu teria de comprá-lo. As canções, que eram de americanos, foram gravadas e comercializadas sem permissão. Obviamente, seus compositores não receberam sequer um centavo por direitos autorais.

Servir a Deus não impede crentes de serem trapaceiros. Com 15 anos, fui cursar o ensino médio no Instituto Adventista Paranaense (IAP), um internato numa região rural de Maringá. Como qualquer criança sabe, maná cai do céu, mas dinheiro não. Para pagar o colégio, eu tinha, então, de trabalhar. Fui assistente do diretor interno, que era pastor. Ele fora encarregado de criar uma brochura promocional sobre essa instituição cristã. Uma página falaria dos panetones (bolos que se come no Natal, tradição celebrada também pelos adventistas, a despeito de muitos historiadores afirmarem ter origens pagãs, razão por que foi proibida pelo puritano Oliver Cromwell) produzidos e vendidos pelo IAP. Para a fotografia, o homem de Deus colocou um desses pães natalinos sobre uma mesa e cortou uma fatia. Dum saquinho, tirou frutas cristalizadas e as adicionou ao panetone, enfiando-as nos espaços entre uma frutinha e outra, astutamente fazendo os bolos de Natal do IAP parecerem ter mais frutas cristalizadas que os das outras marcas. Para quem não sabe, o nome disso é propaganda enganosa.

O Segundo Mais Velho também estudou no IAP, saindo um ano antes de eu entrar. No seu último ano, teve de ir ao município mais próximo para se alistar no Exército. Por se tratar de localidade rural, foi automaticamente dispensado. Entretanto, no ano seguinte teria de voltar para retirar seu Certificado de Alistamento Militar, que requeria a assinatura e digital dele. Não querendo viajar 660 km de São Paulo, para onde se mudara, meu irmão pediu que eu fosse retirar o documento. Eu estava nervoso, pois o certificado trazia foto. Somos parecidos, mas nem tanto, e a diferença de idade entre nós é de quase quatro anos. Tive de me apresentar como sendo meu irmão, assinar o documento usando o nome dele e imprimir a digital do meu polegar direito. Deu certo, mas poderia ter dado errado e trazido sérias consequências. Conquanto soubéssemos (ele mais do que eu) que cometeríamos um crime, nossa devoção a Jesus não nos conteve.

Protestantes adoram apontar o dedo para a Igreja Católica, embora igrejas evangélicas também acobertem abusos sexuais de menores. Numa entrevista de 2018, a pastora Damares Regina Alves revelou que, entre os seis e dez anos de idade, foi sexualmente abusada por dois pastores. Um deles, um missionário hospedado na casa de Alves, estuprou-a repetidas vezes. Com um saquinho de raticida na mão, a menina subiu numa goiabeira para cometer suicídio, mas foi impedida por Jesus (o mesmo que não a impediu de ser sexualmente abusada por quatro anos), que a fez largar o veneno. Anos mais tarde, a pastora descobriu que, assim como sua mãe, seu pai, também pastor, sabia dos abusos, mas nada fez porque fora orientado pela igreja a apenas orar.

Em 1983, o diretor musical do Instituto Adventista Paranaense era um brilhante pianista. Sua fama, advinda de ter gravado vários discos e percorrido o Brasil com o renomado quarteto Os Arautos do Rei, do programa *A Voz da Profecia*, era motivo de orgulho para o internato e a razão por que alguns pais para lá mandavam seus filhos. Embora visivelmente gay, todos se iludiam com a esperança de que sua efeminação fosse só seu jeito, resultado de sua sensibilidade musical. Já que era adventista, não haveria de ser homossexual, pensavam. Diferentemente dos demais funcionários do IAP, que moravam em casas, esse professor tinha uma suíte no dormitório dos rapazes. Por ser popular, mas também porque lhes dava chocolates e os deixava ver televisão, aparelho proibido nos quartos, muitos moços o visitavam. Um belo dia, estourou a notícia: o maestro fizera sexo com vários alunos. Foi como se tivesse caído no colégio uma bomba de hidrogênio. Afinal, a coisa de que adventistas mais sentem asco é a homossexualidade e os rapazes eram menores de idade. Se viesse a público, seria um escândalo que arranharia a imagem da Igreja Adventista. Em face disso, a polícia não foi acionada. Os alunos foram expulsos e o pianista, feliz da vida, emigrou para os Estados Unidos. Num livro de 2017, publicado pela editora da igreja, esse regente é chamado de homem de Deus.

Não muito tempo depois, eu também viria a ser expulso desse colégio da Rede Adventista de Educação, cujo slogan na época era "Educa para a eternidade". Não por desacatar, nem por brigar, depredar ou roubar. Foi por coisa muito mais grave: um beijo. Eu tinha 16 anos e fazia o segundo ano do ensino médio. Quem visitasse o Instituto Adventista Paranaense e não soubesse que é um internato cristão pensaria que era islâmico. O campus é dividido em áreas feminina e masculina. Quando "namorados" queriam trocar umas palavras, a alameda principal, ladeada por plantas espinhentas, servia de muro de separação. Era como conversar com um presidiário, só que sem grade ou vidro e a sete metros de distância. Para a ida a Maringá, havia dias para as moças e dias para os moços. O beijo em minha namorada ocorrera no conservatório, atrás dum piano. Uma moça nos viu e dedurou (anos mais tarde, a dedo-duro viria a ser mãe solteira. Se eu acreditasse em castigo divino, pensaria que foi um). Meu pecado fora tão imperdoável quanto dar uma dentada numa fruta proibida duma árvore mágica. Em vez de ser advertido e aconselhado, fui banido — a menos de um mês do fim do ano letivo. Sem dó, nem piedade. O diretor, que era pastor, não se deu ao trabalho sequer de telefonar a meus pais.

Minha expulsão me desnorteara. Passei o ano seguinte sem estudar. Apesar da descompaixão com que fui tratado e de não mais ser aluno, voltei ao IAP e me ofereci para escrever o roteiro e pintar os cenários da peça teatral da Festa da Amizade, o evento mais importante do internato, naquele ano organizada pelos rapazes. Determinada noite, desconhecida das moças, a data da festa seria anunciada num tradicional miniespetáculo em frente ao dormitório feminino. O roteiro e os cenários já estavam quase prontos, quando, num dia em que eu me encontrava em Maringá, o colégio amanheceu com vários cartazes revelando a data da festa, consequentemente estragando a grande surpresa. Traziam meu nome embaixo da frase "Não me compreenderam", atribuindo sua autoria a mim, como se eu estivesse me vingando por, no ano anterior, ter sido expulso. Alheio dessa quizumba, regressei ao IAP e fui cercado por uma irada multidão de rapazes. Parecia uma cena de apedrejamento num filme de Bíblia. Exigiam que eu fosse embora. Fui conversar com o preceptor, o pastor que comandava o dormitório masculino. Como todo bom fariseu, ele estava do lado dos "apedrejadores". Desafiei-o a consultar Deus (não é assim que os sacerdotes israelitas faziam?) e perguntar-lhe se eu era culpado ou inocente. O homem de Deus se negou e me mandou pegar minhas coisas e dar o fora dali. Eu estava sendo expulso pela segunda vez do colégio que "educa para a eternidade".

Era noite e não havia mais coletivo. Carregando uma bolsa pesada, caminhei 6 km no escuro duma estrada que corta milharais, com o vento fazendo os pés de milho baterem uns nos outros. Parecia uma cena de suspense num filme de terror. Ao chegar na rodovia, com Maringá ainda a 23 km de distância, sentei-me, certo de que teria de ali passar a noite. Naquele lugar desolado e àquela hora, só um louco daria carona. Contudo, sem eu fazer sinal, um caminhão parou. A porta se abriu, entrei e fui conduzido até à rodoviária, onde peguei um ônibus para Castro. Teria eu sido ajudado por um anjo disfarçado de caminhoneiro?

Como eu não estava estudando, O Mais Velho propôs viajarmos pelo Paraná vendendo um "remedinho": uma solução para gargarejo para deixar de fumar. Um negócio da China, segundo ele. Após inspecionar o rótulo do frasco, objetei que eu nunca ouvira falar daquele laboratório. "É porque não existe", replicou meu irmão. "O laboratório, o farmacêutico responsável, o endereço e os números do telefone e registro são falsos", prosseguiu. "Eu mesmo compro um pozinho na farmácia e misturo com água." Se não me engano, o tal pozinho era nitrato de prata, uma substância que, se ingerida, pode até matar. "Não vamos ter problema com a polícia?", indaguei. "Se não ficarmos muito tempo numa cidade, não. Caso alguém descubra que o laboratório não existe e chame a polícia, já estaremos longe", respondeu O Mais Velho.

Fui sincero na minha crença. Tanto assim que, ao contrário de alguns jovens, eu tinha prazer em participar das atividades da igreja, notadamente cantando. O Mais Velho fazia (e ainda faz) coisa mais nobre: pregar. A música é vista como enlevo espiritual, já a pregação como mensagem de Deus. Para elaborar sermões, pregadores oram por iluminação divina e pesquisam na Bíblia. Entre uma pregação e outra, meu irmão teve, então, tempo mais que suficiente para se dar conta de que vender um remédio falso é, além de delito, pecado. Eu tinha 17 anos; O Mais Velho, 23, uma idade em que, num caso como esse, já não se pode usar ingenuidade como desculpa. Embarquei nessa aventura porque eu tinha meu irmão, que fizera dois anos de Faculdade de Teologia, como exemplo. De qualquer modo, quanto mais tempo passava mais minha consciência pesava e menos eu conseguia vender o tal "remedinho". Não podendo mais, parei. O Mais Velho, entretanto, continuou.

Como eu disse, O Segundo Mais Velho também estudou no Instituto Adventista Paranaense, saindo um ano antes de eu entrar. Pelo simples prazer de fazer algo ilícito e secreto, meu irmão formou uma gangue especializada em roubar barras de queijo da cozinha do internato, atividade em que ele e seus comparsas persistiram meses a fio e que o transformou numa espécie de herói à la Robin Hood, já que, às escondidas, distribuía pedaços do queijo pelo dormitório masculino. Até lhe deram um apelido que era uma fusão de seu nome com a palavra muçarela. Quando concluiu o Ensino Médio, O Segundo Mais Velho foi para outra instituição adventista — cursar Teologia (O Mais Velho, O Segundo Mais Velho e eu estudamos Teologia. Sou o que chegou mais perto de se formar).

Desnecessário dizer que não estou contando essas histórias para expor meus irmãos como pessoas más, pois não o são. Meu objetivo é tão somente demonstrar que crer em Deus é hipocrisia. Adorar Jesus, ir à igreja, ler a Bíblia, orar, cantar, pregar e fazer trabalho missionário não impediram meus irmãos e a mim de transgredir a lei dos homens e a de Deus. Agressividade, aflição, angústia, ansiedade, antipatia, ciúme, desapontamento, decepção, egoísmo, frieza, frustração, hostilidade, impaciência, intolerância, inveja, ira, medo, ódio, orgulho, preocupação, raiva, rancor, resignação, soberba, tristeza, etc.: todos os sentimentos negativos que acometem descrentes acometiam também a mim que comungava com Deus todo santo dia. Conquanto eu as tivesse lido incontáveis vezes, passagens bíblicas como "Amem os seus inimigos" e "Deixem com Deus a ira" não tinham efeito sobre mim (nem sobre meus irmãos). Conheci um monte de crentes em Deus que eram piores e um monte de descrentes de Deus que eram melhores pessoas que eu. Se crer em Deus não me tornava consideravelmente melhor, haveria descrer de Deus de me tornar consideravelmente pior do que eu era? Claramente, ser uma boa pessoa não depende de crer em Deus ou com ele se importar, menos ainda de ler um livro sagrado ou ir à igreja.

Os ensinamentos de Jesus, cuja essência é paz, amor, perdão e solidariedade, são tomados por seus seguidores não apenas como revelação divina mas também pérolas de sabedoria, razão por que é chamado de Mestre. Das duas, uma: ou o Mestre deu preceitos inúteis ou jogou suas pérolas aos porcos, pois ou não funcionam ou, quando muito, são vividos por uma irrelevante minoria de seus discípulos. O mundo islâmico igualmente venera Jesus: o profeta e Messias é a figura mais mencionada no Alcorão (187 vezes). Se seguir o pacifista Yeshua (em hebraico) ou Isa (em árabe) fizesse alguma diferença, cristãos e muçulmanos sairiam às ruas aos bilhões para impedir seus governantes de travar batalhas. A Segunda Guerra Mundial, majoritariamente entre nações cristãs, e a Guerra Irã-Iraque, entre nações islâmicas, nunca teriam ocorrido e os adoradores de Jesus nos Estados Unidos jamais teriam jogado bombas nos veneradores de Jesus no Iraque.

Desculpemos os cristãos de outrora e digamos que passaram séculos cultivando o ódio porque ensinamentos do tipo "Felizes os humildes", "Felizes os que promovem a paz", "Basta irar-se contra alguém para estar sujeito a julgamento", "Não se oponham ao perverso", "Se alguém lhe der um tapa na face direita, ofereça também a outra", "Ame o seu próximo como a si mesmo" e "Amem os seus inimigos e orem por quem os persegue" estavam muito além de sua primitiva capacidade de compreensão (ao que tudo indica, Jesus tem dificuldade em se fazer entender, pois nem seus próprios discípulos captavam as mensagens do amado Mestre). Com todo acesso a educação, todos os sermões, todos os estudos bíblicos, toda música sacra, todas as traduções da Bíblia, toda exegese, toda hermenêutica e todos os livros de História mostrando as incontáveis vezes em que o Cristianismo miseravelmente falhou, os cristãos hodiernos não têm mais desculpas para não praticar à risca todos os preceitos de Jesus. O que se observa é que a grande maioria de seus seguidores continua a ler o *Novo Testamento* como se diante dos olhos tivesse lentes que filtram as palavras paz, amor e perdão.

Quando, em 2018, elegeram Jair Bolsonaro, evangélicos deram um retumbante tapa na cara do Filho de Deus, a menos que eu é que tenha diante dos olhos lentes que filtram as falas de Jesus em que diz gostar, por exemplo, de arrogância, palavrão, grosseria, tortura e armas. Não obstante o mandamento "Não adulterarás", em 2016 80% dos eleitores evangélicos brancos deram seu voto a Donald Trump, casado três vezes, incriminado de estupro por sua primeira esposa e acusado de má conduta sexual por dezenas de mulheres e de ter cometido adultério com uma modelo da revista *Playboy* e uma atriz de filmes pornográficos, a quem pagou 130.000 dólares para que calasse o bico. Num discurso, em St. Clairsville, Ohio, Trump perguntou à multidão: "O que vocês acham do afogamento simulado [uma técnica de tortura]? Eu gosto muito. Não acho que seja duro demais. Nós não podemos fazer afogamento simulado, mas eles podem cortar cabeças, afogar pessoas em gaiolas? Temos de combater fogo com fogo". Em sua primeira entrevista como presidente, ao canal de TV ABC News, Trump reiterou sua promessa de campanha: "Quando eles estão cortando a cabeça das pessoas no Oriente Médio porque são cristãs [...], sinto-me favorável ao afogamento simulado? No que me diz respeito, temos de combater fogo com fogo. [...] Sinto que funciona? Absolutamente, sinto que funciona!".

Se ser cristão é ser praticante dos ensinamentos de Cristo e se a essência dos ensinamentos de Cristo é paz, amor e perdão, como podem políticos como Bolsonaro e Trump ser vistos por tantos milhões de cristãos como enviados de Deus?

Se o Cristianismo realmente fosse sobre paz, amor e perdão, isso seria tão evidente que seria impossível existirem, se não membros de igrejas, então pelo menos pastores que destilam ódio. No entanto, o que se observa é o contrário: desse tipo de homens de Deus existe cada vez mais, como Silas Malafaia, pastor da maior denominação pentecostal do mundo, as Assembleias de Deus. (Se o caro leitor sentir vontade de visitar os perfis de mídia social desse ungido do Senhor, aconselho fazê-lo de estômago vazio.)

Quer adorem Javé, Krishna, Alá ou outro deus, ou sigam religiões não teístas, crentes são tão bons ou maus quanto qualquer pessoa. Todavia, às vezes sua crença é justamente o que os faz cometer maldades. No caso dos cristãos, pense, caro leitor, nos que rompem o relacionamento com familiares que saem da igreja, negam tratamento médico aos filhos, deixando-os morrer, quebram estátuas católicas, atacam terreiros de Candomblé e Umbanda ou espancam e matam homossexuais. Nos Estados Unidos, amar Jesus motiva alguns a odiar negros, imigrantes e refugiados, atacar sinagogas e raptar e assassinar funcionários de clínicas de aborto.

Como as testemunhas de Jeová, adventistas se consideram melhores que outros cristãos. São os únicos que interpretam a Bíblia corretamente e, assim, sabem o que Deus quer. Por isso, são tão especiais para o criador de dois trilhões de galáxias que, morrendo de inveja e ciúme, em breve cristãos de outras igrejas e seguidores de outras religiões perseguirão os adventistas e a muitos deles matarão. E então virá o fim. Pode ser paranoia ou loucura, mas não é piada: adventistas — que não passam de 0,3% da população mundial — realmente acreditam nisso. A verdade é que em nada são melhores que outros cristãos. Por exemplo, são igualmente hipócritas: papagueiam que todo dia é dia da volta de Jesus, mas correm atrás de dinheiro e bens materiais como se sentissem que é mais fácil passar uma agulha pelo buraco dum camelo que Jesus voltar. Parolam que Deus está no controle e logo destruirá o mundo, mas não passam um dia sem se importar com política e, quando o governo é de esquerda, praguejar. Quando meus parentes adventistas brigam, ficam meses sem se falar. Não faz muito tempo, a esposa do Mais Velho bloqueou no Facebook O Mais Novo, que até hoje não sabe bem por quê.

Que diferença real, reconhecível, perceptível, faz, portanto, crer em Deus, ser cristão e membro dessa ou daquela igreja, em especial as "verdadeiras"? A maioria das famílias é problemática, mas não deveriam as centradas na Bíblia ser diferentes, ou seja, se não um mar de harmonia, então pelo menos visivelmente melhores?

Cristãos juram por Deus que o Cristianismo é a religião verdadeira. Se for, Deus adora discórdia, pois ela mora no âmago do Cristianismo, razão por que é cheio de rachas. Várias vezes, o apóstolo Paulo mandou os cristãos pararem de bater boca, inclusive sobre a vontade de Deus: se ele proíbe esse ou aquele tipo de comida e quer que esse ou aquele dia seja guardado. Hilariamente, o próprio apóstolo era briguento. O livro de Atos relata que Paulo se desentendeu com Barnabé, um outro apóstolo (profissão da moda, naquela época), com quem viajava pregando o amor de Jesus. A briga foi tão feia que Barnabé se escafedeu para uma ilha.

Amar o pacifista Jesus não impede irmãos na fé de sair na porrada. Uma bela manhã de sábado (o dia do Senhor), em 1985, como de costume eu estava sentado num dos bancos da frente da Igreja Adventista de minha cidade natal. Ouvi gritos vindos de fora. Olhei para trás e vi gente saindo às pressas. Buscando abafar a gritaria, que claramente era duma briga, o pregador interrompeu o sermão e pediu à congregação para abrir o hinário e cantar um hino. Existe coisa mais ridícula que cantar enquanto o pau come solto? Por nada nesse mundo eu perderia aquele bafafá. Lá fora, deparei-me com uns jovens esbofeteando um rapaz, que revidava do jeito que podia, mas mais apanhava que batia. Eram todos membros da igreja. Estavam de paletó e gravata, fazendo a briga parecer um quebra-pau na Câmara dos Deputados da Ucrânia. Como não poderia deixar de ser, pedestres paravam para assistir. Carros passavam em câmera lenta, com motoristas olhando pela janela boquiabertos. É difícil precisar quantos desses curiosos se converteram ao Adventismo por conta dessa inefável demonstração do amor cristão. A muito custo, meu pai, que era ancião da igreja, conseguiu apartar os protótipos de kickboxer. Foge-me à memória se foi atingido por algum sopapo perdido. Os esbofeteadores então começaram a chorar, não tenho certeza se de vergonha ou por terem sido impedidos de bater mais.

Se, como dizem os muçulmanos, Deus é paz e, como dizem os cristãos, amor e a grande maioria das pessoas acredita em Deus, por que há tão pouca paz e amor? Por que diabos as Américas, o continente com o maior número de seguidores de Jesus, são a região mais violenta do planeta? E, a despeito de tanta fé e religiosidade, como é possível quase um bilhão de pessoas estar passando fome?

Se crer em Deus é bom, por que entre as religiões há concorrência e rivalidade? Quer dizer que crer em Deus é bom, mas crer na versão, por exemplo, cristã de Deus é melhor que crer na versão muçulmana? Seguir Jesus é bom, mas seguir a versão, por exemplo, adventista de Jesus é melhor que seguir a versão batista? Ora, os próprios crentes deveriam achar ridícula a ideia de deus verdadeiro. Afinal, se crer é bom e descrer é mau, o que importa é não descrer. Em qual versão de Deus alguém crê não deveria ter a menor importância.

Toda vez que um crente pensa que segue a religião verdadeira, toda vez que um crente tem pena de quem segue uma religião diferente, toda vez que um crente desdenha de quem segue uma religião diferente, toda vez que um crente ofende uma religião e toda vez que um crente se sente ofendido por um seguidor duma religião diferente, está comprovando que religião faz mal. E sabemos que isso é inevitável porque as duas maiores religiões e suas centenas de subdivisões são monoteístas e se baseiam no princípio de verdade última. Não é preciso ser um gênio para deduzir que aceitar a existência de só um deus e insistir que só uma religião detém a verdade inevitavelmente gera de arrogância e divisão a intolerância e violência.

O grande e inominável mal no centro de nossa cultura é o monoteísmo. Dum texto da bárbara Idade do Bronze conhecido como *Velho Testamento*, três religiões anti-humanas se desenvolveram: Judaísmo, Cristianismo e Islã, religiões dum deus do céu. São literalmente patriarcais: Deus é o pai onipotente. Daí esse ódio de 2.000 anos às mulheres, nos países afligidos pelo deus do céu e seus terrenos representantes masculinos. O deus do céu é um deus ciumento, claro. Exige total obediência de todos na Terra, pois é senhor não apenas duma tribo, mas de toda a criação. Aqueles que o rejeitam têm de ser convertidos ou mortos para seu próprio bem. Em última análise, totalitarismo é o único tipo de política que verdadeiramente pode servir aos propósitos do deus do céu.

O caro leitor quer prova maior de que o Cristianismo é lavagem cerebral que ele ser capaz de induzir pessoas a chamar a adoração de três deuses (Javé, Jesus e Espírito Santo) de monoteísmo? Seja como for, entre o Cristianismo e o Islã o pior monoteísmo é o Cristianismo, pois seu passado de crueldades é muito mais longo (quando o Islã foi inventado, a religião de Jesus já existia há cerca de 600 anos). Das subdivisões do Protestantismo, a pior é o Evangelicalismo, justamente a de que, graças aos Estados Unidos, o Brasil está cheio. Fruto do Puritanismo, o Evangelicalismo é um protestantismo biblicista, radical, mais ou menos a versão evangélica do talibã. São igrejas fundamentalistas, que em tudo veem pecado e o Demônio. (Numa de minhas visitas a meus pais, peguei o violão e cantei *Aquarela*, de Toquinho e Vinicius. O Mais Velho disse: "Essa música é satânica".) Ainda que não aparente, das igrejas fundamentalistas uma das piores é a Adventista. Seus cultos relativamente serenos, suas escolas, hospitais e internacionalidade podem passar a imagem duma denominação ecumênica, pluralista, tolerante. A verdade é que, além de ultraconservadora, a Igreja Adventista está entre as mais exclusivistas e separativas, não muito diferente das Testemunhas de Jeová. Como todas as igrejas pertencentes ao Evangelicalismo, a Adventista tem repugnância à Católica, considerada uma das bestas do Apocalipse. Eu tinha 12 ou 13 anos, quando os alunos da minha escola tiveram de ir a uma missa na Igreja Católica de Castro. Morrendo de medo de zangar a versão adventista de Deus, curvando-me à Besta, quando todos se ajoelhavam eu me sentava.

O ultraconservadorismo da Igreja Adventista é notório no campo da sexualidade. Num piquenique, em Castro, um pastor reuniu a nós adolescentes para nos advertir de que masturbação é perigoso. Com o evidente intuito de nos encher de pavor, contou-nos que uma moça teria sido tão viciada em masturbação que teria sido necessário acorrentá-la. Num programa de jovens, o apresentador chamou alguns, inclusive a mim, para ir à frente e participar. Diante da congregação, cada um de nós tinha de responder a uma pergunta. Como se fosse a coisa mais natural do mundo perguntar isso a um adolescente de 13 anos, ele se dirigiu a mim: "Você é a favor ou contra o amor livre?". Eu nunca ouvira aquela expressão, não fazia a mínima ideia do que significava e, portanto, não sabia o que responder. Um participante mais velho me acudiu e sussurrou a resposta que eu deveria dar: "Contra". Quando, naquele internato adventista de que, com 16 anos, fui expulso por causa dum beijo, entrei no quarto dum colega, deparei-me com ele chorando. Perguntei-lhe o que tinha acontecido, e ele respondeu que sentia muita culpa. Contou-me que, na cama, tinha pensamentos eróticos. Visto ser pecado, não se masturbava, mas esfregava o pênis contra o colchão, o que o fazia ejacular. Num culto da Faculdade de Teologia, apontando com uma vara para uma ilustração na parede a esposa dum pastor afirmou que, ao contrário dos animais, o ser humano anda ereto, razão por que sua cabeça está acima de seus órgãos genitais. Quando faz sexo, o ser humano se iguala aos animais, pois coloca a cabeça no mesmo nível dos órgãos genitais.

Em 1990, eu tinha 24 anos e vivia na Áustria, para onde fora estudar alemão. Morava com uma família de austríacos adventista. Meu passatempo preferido era desenhar e pintar. Estava em minha fase surrealista. Pintei um autorretrato em que minha cabeça, sem corpo, flutuava. Atrás dela, uma estrada em forma de cruz ia do chão ao céu. Grades de cela de prisão estavam fincadas na minha testa. Onde as barras de ferro penetravam a carne, saía sangue. Sem influência de ateus ou livros ateístas, naturalmente brotara em mim a sensação de que a religião encarcerava minha mente. Eu passara a ter pensamentos do tipo "Não pode haver só isso, deve haver algo mais". Queria sentir o gosto de ser livre de religião, descobrir as coisas por mim mesmo, chegar às minhas próprias conclusões. Decidi então parar de ir à igreja. A família de austríacos ficou tão desnorteada com minha decisão que pediu ao pastor para ter uma palavrinha comigo. Não fazendo muito caso, o homem de Deus achou que um simples telefonema bastaria para me fazer recuperar o juízo. Ao dar-se conta de que eu estava resolvido a não mais ser ovelha do seu rebanho, o clérigo apelou: "Você não quer ir para o Céu?" (a versão eufêmica de "Você quer ir para o Inferno?"). Indignado com sua falta de sensibilidade, respondi: "*Nein*!". O pastor então murmurou algo como "Que Deus tenha misericórdia de você" e desligou. Em vez de me causar medo, sua indireta ameaça de castigo infernal me comprovou que eu fizera a escolha certa.

Quinze anos mais tarde, arritmia cardíaca me levou a dar à crença em seres invisíveis celestiais uma segunda chance. Voltei a frequentar lugares de culto da Igreja Adventista (na Áustria, igrejas evangélicas, do tipo que no Brasil há uma em cada esquina, não florescem e, por isso, possuem pouquíssimos templos. A maioria funciona em salões de antigos prédios residenciais). Religião continuava a me cheirar a baboseira, de fato até mais que antes, porquanto eu tinha de me esforçar para voltar a acreditar. Eu ia (não assiduamente) à igreja, porém mantinha minha autonomia: comia presunto e frutos do mar, bebia vinho, cerveja e café e namorava do jeito que o Diabo gosta. Um dia, conheci uma alemã. A princípio, não me importou que ela praticava o Hinduísmo, até eu descobrir que ela não saía à rua sem consultar o horóscopo. Em seu apartamento, havia diversos objetos hindus: nas janelas e sobre as portas, cristais; nas gavetas, gravuras de Ganexa, a divindade com cabeça de elefante e quatro braços; na carteira, uma foto do guru. Por todos os poros exalando a típica prepotência cristã, vi-me incumbido da missão de salvar minha namorada do paganismo. Várias vezes, ridicularizei-a por sua crença "primitiva". Quando nisso penso, ainda hoje sinto nojo de mim mesmo, apesar de já ter se passado mais de uma década desde que lhe pedi perdão. Por alguns meses, frequentamos uma igreja adventista, em que íamos mais por razões sociais que espirituais. Pouco após o término de nosso curto namoro, novamente chutei a igreja para escanteio. Bíblia, religião e igreja eram como um adesivo que perdera a cola. Eu não conseguia mais aderir.

Se crer é o que faz o ser humano ser bom, já não teriam os líderes governamentais e espirituais constatado que é desnecessário e contraproducente haver milhares de religiões e que elas deveriam ser fundidas numa só? O simples fato de haver tantas religiões e competirem umas com as outras e jamais pensarem em se unir prova que religião nada tem a ver com verdade, mas com poder, dinheiro e outras coisas. Numa era em que a Humanidade é inteligente a ponto de ser capaz, por exemplo, de detectar ondas gravitacionais causadas pela fusão de buracos negros, se religião tivesse a ver com verdade e a verdade é só uma, a essa altura crentes já teriam identificado em qual religião a verdade está. Em vez de milhares, haveria só uma religião.

Uma vez, fui com um amigo à Itália pegando carona. Quando chegamos numa cidade da região de Florença, era início da noite. No salão anexo a uma igreja católica, as luzes estavam acesas. Entramos e nos deparamos com um círculo de pessoas conversando, no que parecia ser o término duma reunião. Mais duros que nádegas de estátuas, perguntamos se, em nossos sacos de dormir, poderíamos passar a noite ali. O círculo tornou a se fechar e as pessoas voltaram a conversar. Sem entender, ficamos olhando. Um homem se virou para nós e disse: *"Venite con me"*. De carro, levou-nos a um hotel e nos pagou um pernoite com café da manhã. Tinham feito uma vaquinha para nós.

Por que esses católicos foram generosos conosco? Para agradar a seu deus, que os manda fazer o bem, recompensa se o fizerem e castiga se não o fizerem? Ou pelo simples prazer de fazer o bem? Se crentes fazem o bem para obedecer a uma ordem divina, não é por convicção, e se não é por convicção não tem valor. Ademais, se o bem vem duma divindade e ela de suas criaturas exige que nunca façam o mal, ela precisa dar o exemplo e nunca fazer o mal. Se não tem obrigação de seguir suas próprias regras, é uma divindade arbitrária e hipócrita. Se pode abrir exceções para si, suas criaturas também o podem.

Quando judeus e cristãos dizem que o bem vem da divindade bíblica, estão provando que acreditam num deus imperfeito que não passa dum homem com superpoderes invisível. Como os deuses das religiões politeístas, Javé cometeu e mandou cometer maldades. Das que ele mesmo cometeu, a maior é o Dilúvio. Apesar de ser onisciente e, portanto, saber que "a perversidade do homem" aumentaria e "toda a inclinação dos pensamentos do seu coração" seria "sempre e somente para o mal", Javé "arrependeu-se de ter feito o homem" (Gênesis 6:5-6). Imagine, caro leitor, um país cheio de corrupção e violência (aposto que pensou no Brasil, acertei?). Qual a probabilidade de, sem exceção, todos os seus habitantes serem maus? Ainda que a maldade superabunde, numa nação sempre haverá pessoas boas. Além disso, todos os países são compostos também de idosos, enfermos, grávidas, crianças e bebês. Logo, quando inundou a Terra para exterminar os homens perversos (que ele poderia ter feito morrerem de parada cardíaca), Deus afogou milhões de inocentes.

Gênesis 18 relata que quando se espalhou a notícia de que os habitantes de Sodoma e Gomorra eram maus Javé decidiu checar: "Descerei para ver se o que eles têm feito corresponde ao que tenho ouvido". E isso porque Deus é onisciente e onipresente. Imagine se não fosse! Abraão, um homem casado que teve um filho com sua escrava, achou injusto Javé tacar fogo em todo mundo, torrando também inocentes. Deus então prometeu poupar todos, se seus dois anjos emissários encontrassem pelo menos dez pessoas boas. O caro leitor já ouviu falar de cidades em que "todos os homens, dos mais jovens aos mais velhos" são homossexuais? Por mais ridículo que possa parecer, assim eram Sodoma e Gomorra. Lá, só quatro pessoas se comportavam do jeito que Javé gostava: Ló e sua família. Após Ló oferecer suas próprias filhas para serem estupradas até à morte por uma multidão, o deus da Bíblia "fez chover do céu fogo e enxofre" sobre essas duas cidades, transformando em cinzas também idosos, enfermos, grávidas, crianças e bebês. Pouco depois, as filhas de Ló fizeram sexo com o próprio pai, com quem tiveram cada uma um filho. Ló era pai dos meninos, mas também seu avô. As filhas de Ló eram mães dos meninos, mas também suas irmãs e tias. Os meninos eram irmãos, mas também primos e tios um do outro. Esqueci algum parentesco?

Sodomitas e gomorritas foram varridos do mapa porque eram imorais, Ló e suas filhas foram salvos porque eram morais. É coisa de louco.

Quer dizer que para praticar o bem preciso adorar um deus que não precisa praticar o bem? Se existe um relato bíblico que prova que Javé é invenção de mentes primitivas, é As Pragas do Egito. É necessário ser lobotomizado para não ver que o deus judaico-cristão é um super-homem invisível com graves transtornos de personalidade, um psicopata narcisista e sadista. Teria ele servido de inspiração a Hitler e Stalin? Para um ser capaz de criar dois trilhões de galáxias, seria a coisa mais fácil do Universo libertar seu povo sem derramar uma única gota de sangue. Em vez disso, Deus fez questão de trazer desgraças sobre todos os habitantes dum país, incluindo idosos, enfermos, grávidas, crianças e bebês. Visto que apodrecer a água do rio Nilo e infligir feridas purulentas são mixarias, sua série de torturas o deus de amor decidiu fechar com chaves de ouro: matando o filho mais velho de todas as famílias. E para que? Tão somente para deixar claro quem é o poderoso chefão:

Tornei obstinado o coração dele [do faraó] e o de seus conselheiros, a fim de realizar estes meus prodígios entre eles, para que você [Moisés] possa contar a seus filhos e netos como zombei dos egípcios e como realizei meus milagres entre eles. Assim vocês saberão que eu sou o Senhor.

(Êxodo 10:1-2)

Por tabela, essa lenda manda para o espaço a doutrina do livre-arbítrio, tão querida dos cristãos, porquanto é evidente que o faraó estava programado para negar a saída dos hebreus, a fim de que o Egito servisse de palco à criatividade sádica de Javé:

Eu já poderia ter estendido a mão, ferindo você [o faraó] e o seu povo com uma praga que teria eliminado você da terra. Mas eu o mantive em pé exatamente com este propósito: mostrar-lhe o meu poder.

(Êxodo 9:15-16)

Que, à luz da Bíblia, o ser humano não é dono de seu próprio destino é confessado inclusive por Paulo. Tomando o faraó como exemplo, o apóstolo diz: "[Deus] escolhe ter misericórdia de alguns e endurecer o coração de outros" (Romanos 9:18). Paulo reconhece que isso é chocante e pode induzir crentes a questionar: "Então, por que Deus os culpa? Não estão apenas cumprindo a vontade dele?". Sim, mas admiti-lo é jogar na cara de Javé que ele é esquizofrênico. Por isso, ao apóstolo só resta recorrer à mais fajuta de todas as manobras argumentativas dos cristãos:

Quem é você, meu amigo, para discutir com Deus? Será que um pote de barro pode perguntar a quem o fez: "Por que você me fez assim?" Pois o homem que faz o pote tem o direito de usar o barro como quer. Do mesmo barro ele pode fazer dois potes: um pote para uso especial e outro para uso comum.

(Romanos 9:20-21)

Segundo Paulo, não importa o quanto você deseje e se esforce: se Javé o criou não como um pote especial, mas comum, você estará desejando e se esforçando em vão, já que ser aceito por Deus "não depende do desejo ou do esforço humano". Umas pessoas ele cria para por ele serem aceitas, outras para por ele serem rejeitadas. Em função disso, arrazoa o apóstolo, Javé não estava sendo injusto quando torturava e matava inocentes, pois tinham sido criados justamente para serem torturados e mortos: "Deus tem o direito de mostrar sua ira e seu poder" àqueles que foram "preparados para a destruição" (Romanos 9:22).

Ah, o que lavagem cerebral não é capaz de fazer! Conquanto eu tenha passado anos lendo a Bíblia, nunca me apercebera da repugnância e insanidade das passagens acima.

Um tio de minha mãe foi pastor da Igreja Adventista. Quando o conheci, ele já sofria duma psicose que o tornava mentalmente ausente. A história que contavam é que isso fora causado por esgotamento nervoso. Às vezes, no meio duma conversa, meu tio parava de falar, deixando de responder às nossas perguntas. Era como se, de repente, fosse catapultado ao mundo da Lua. De fato, seu hobby era Astronomia. Alguns brincavam que as estrelas e planetas o tinham feito ficar lunático. Eu adorava ver seus eslaides de galáxias, que ele projetava na parede. É dele que vem minha fascinação pelo Universo. O distúrbio mental de meu tio, que não afetava sua inteligência, transformara-o em alguém incapaz de adequadamente cuidar de si mesmo, mais ou menos como uma criança. Em função disso, sua família o abandonou. Sua esposa se mudou com os filhos para os Estados Unidos, de onde um deles, também pastor, foi ser missionário na África.

Na minha infância, quem quisesse saber algo sobre o Cosmos tinha de ir a bibliotecas, que em cidades pequenas não costumam ter muitos livros, muito menos sobre Astronomia. Graças à internet, hoje todo mundo tem fácil acesso às maravilhosas descobertas dos astrônomos. Busque e contemple, caro leitor, a fotografia intitulada Hubble eXtreme Deep Field, que mostra milhares de universos-ilhas num pontinho do céu. Depois, pergunte-se: se ele existir, haveria o ser que criou dois trilhões de galáxias de ser a mesma mente que deu ordens como esta?

Assim diz o Senhor dos Exércitos: "[...] Ataquem os amalequitas e consagrem ao Senhor para destruição tudo o que lhes pertence. Não os poupem; matem homens, mulheres, crianças e recém-nascidos".

(1 Samuel 15:2-3)

Ladies and gentlemen, esse é Javé, que, segundo a maior religião do Universo (a menos que habitantes de outros planetas igualmente acreditem em seres invisíveis), é também Jesus, que mandou seus discípulos irem a todas as nações dizer às pessoas que ele é amor (e as torturará, se se recusarem a nisso acreditar). Se Deus existe e é assim, é meu dever moral rejeitá-lo, pelos mesmos motivos por que, a despeito do bem que possam ter feito, rejeito Hitler e Stalin. Fazer o bem não dá o direito de fazer o mal, nem isenta de culpa. Quando um ditador manda assassinar milhões de pessoas, é genocídio, mas quando Javé-Jesus ordena o extermínio dum povo, é perfeitamente justificável? Como seria eu capaz de justificar ações contrárias à minha natureza? Religião, quer dizer, lavagem cerebral é a razão por que tanta gente consegue acreditar nas atrocidades do Judaísmo, Cristianismo e Islã e as desculpa. Sem lavagem cerebral, apenas as pessoas que por natureza são favoráveis a crueldades seguiriam a Bíblia e o Alcorão.

Quão provável é que alguém que tenha aprendido com seus pais a pensar criticamente, isto é, a não aceitar sem questionar, acredite, por exemplo, nas duas doutrinas mais perversas do Cristianismo: o Pecado Original e o Inferno? Por Eva ter dado ouvidos a uma cobra falante e Adão ter dado ouvidos a Eva, Javé se escondeu, sentenciou toda a descendência do primeiro casal, ou bilhões de inocentes, a sofrimento e morte e a condenou a jogar o jogo Acredite em Mim, Adore-me e Faça o Que Ordeno, Senão Você Vai Ver o Que É Bom Pra Tosse. Quem joga mal ou se recusa a jogar é lançado num lago de fogo e enxofre, onde é torturado por infinitos centilhões de anos.

Apesar de evidentemente injusto (talvez a razão por que é rejeitado pelo Judaísmo e Islã, que pregam que humanos nascem sem culpa), cristãos não têm problema com o dogma do Pecado Original. Já o do Inferno, eles mesmos acham difícil de engolir. Tanto assim que algumas denominações, entre elas a adventista, defendem o que chamam de Aniquilacionismo: os ímpios não são torturados eternamente, e sim por um período de tempo proporcional a suas impiedades, após o que são mortos (como se isso tornasse o dogma do Inferno menos sádico, sobretudo considerando que muita gente boa vai para lá apenas por não seguir Jesus). Não faz diferença: a esmagadora maioria dos cristãos acredita em suplício infindável. Além da Igreja Católica, que é a maior, isto é o que diz a *Confissão de Augsburgo*, redigida pelo reformador Filipe Melâncton, com base em textos de Martinho Lutero:

Os ímpios e o Diabo serão condenados ao castigo eterno. Malditos sejam os anabatistas [cristãos odiados e massacrados por católicos e protestantes], que pensam que o castigo do Diabo e dos condenados terá fim.

(Artigo 17)

A *Confissão de Fé de Westminster*, baseada na interpretação bíblica de João Calvino, a segunda maior estrela da Reforma, não deixa por menos:

Os maus, que não conhecem Deus e não obedecem ao evangelho de Jesus Cristo, serão lançados em tormentos eternos e punidos com destruição interminável.

(Capítulo 33)

Agora, em termos de criatividade sádica, Alá, a versão muçulmana de Javé, é imbatível:

Depois dessa, até fiquei com vontade de assistir a um filme de terror.

Incapazes de continuar a acreditar nas absurdas e perversas doutrinas do Cristianismo, muitos ocidentais decidem seguir religiões orientais, geralmente o Hinduísmo e Budismo. É hilário, pois também essas religiões têm doutrinas absurdas e perversas, ignoradas apenas porque delas quase nunca se fala. Ensinam, por exemplo, que humanos vêm ao mundo como insetos e reencarnam muitas vezes, cada vez como uma espécie animal superior, até renascerem como humanos. Se fazem tudo certinho, são recompensados com renascimento numa casta superior, até atingirem a mais alta delas, a dos sacerdotes. Se negligenciam sua vida espiritual, são castigados com renascimento numa casta inferior. Dependendo de quão mal se comportam, voltam como animais ou até insetos. Pobreza, doenças e defeitos físicos são punições por pecados cometidos na vida passada. O Hinduísmo e Budismo igualmente têm deuses e demônios (em algumas variações do Budismo, o próprio Buda é adorado como um deus) e não um, mas diversos infernos! As torturas mais horríveis estão no Avici (que significa interminável, incessante), um cubo de ferro com um perímetro de muitos milhares de quilômetros. As chamas vêm de todos os lados e falcões de ferro bicam os olhos dos pecadores, que, amarrados pelos pés e mãos, são estrangulados por cobras de ferro, esticados, empalados pela boca e arremessados ao ar. Não mencionarei que bronze derretido é derramado em suas gargantas, nem que seus intestinos são arrancados e esmiuçados, pois isso seria por demais cruel.

Em 1989, eu estava no Instituto Adventista de Ensino, em São Paulo, cursando o terceiro ano de Teologia. A apenas três semestres de entrar para o quadro de pastores da Igreja Adventista, as doutrinas bíblicas começaram a me parecer estúpidas e perversas e indicar que o deus do livro da capa preta é invenção de mentes primitivas. Condicionado desde o nascimento a aceitar as estupidezes e perversidades duma religião, não é da noite para o dia que alguém a deixa para trás. A dúvida é como uma colônia de cupins que ataca uma casa de madeira: corrói-a devagar, mas leva à sua ruína. No meu caso, os cupins da dúvida precisaram de dois anos para fazer a casa da minha crença desabar. Após abandonar os estudos que me teriam transformado num homem de Deus e me mudar para a Europa, continuei a ir à igreja. Afinal, é também um costume. Até 1989, eu passara 22 anos indo. Some-se a isso que ouvir sermões não é o único motivo por que crentes vão à "casa de Deus" (para muitos deles, nem o principal). Igrejas evangélicas são como clubes sociais. Além de para mostrar o vestido, terno e sapatos novos, seus membros vão lá também para se relacionar com seus irmãos na fé.

No começo, as dúvidas não são grandes o suficiente para fazer um crente deixar de ir à igreja. Cristãos aprendem que dúvida religiosa é mau (embora achem bom duvidar de outras religiões), vem de Satanás, que, tendo autorização para perambular à vontade pelo Jardim do Éden, fantasiou-se de cobra falante para fazer Eva e Adão duvidarem. (A despeito de Lúcifer ser seu arqui-inimigo, Deus não só não o eliminou como até permitiu que se empenhasse e tivesse sucesso em levar pessoas para o Inferno — e continue a fazê-lo mesmo após ter sido derrotado por Jesus na cruz já há 2.000 anos. Isso é assim porque se Jerry matar Tom, Papa-Léguas matar Coiote ou Piu Piu matar Frajola, a história acaba.) Uma vez que duvidar de histórias absurdas é natural, nem mesmo os crentes mais fervorosos estão imunes a dúvidas, que são "flechas de fogo do maligno" e podem ser detidas e apagadas só com "o escudo da fé" (Efésios 6:16). Assim, é comum crentes orarem pedindo a Deus que lhes aumente a fé, que é o que também eu, naquele período de incerteza, fazia.

Pedir a Deus mais fé é confirmar que duvidar de sua existência é normal. Se duvidar da existência de Deus é normal, a dúvida é evidência de que ele não existe. Se Deus existisse, sua existência seria óbvia e dela ninguém duvidaria. A existência de descrentes manifesta a inexistência de Deus. Se a existência de Deus fosse óbvia, não haveria necessidade de ter fé (que, ainda por cima, precisa ser constantemente nutrida, do contrário definha e morre). Se é necessário ter fé porque é o que leva a Deus, não haveria milhares de deuses. O caro leitor quer evidência mais forte da inexistência de Deus que o trabalho missionário que cristãos estão obrigados a fazer? Se Deus existe, por que é preciso disso convencer as pessoas? Se Jesus existe e fé vale alguma coisa, por que pessoas que têm fé em Jesus (membros duma igreja) tentam converter outras pessoas que têm fé em Jesus (membros de outras igrejas)? Se fé valesse alguma coisa, cristãos não tentariam persuadir, muito menos hostilizariam, candomblecistas, pessoas que têm fé. Cada vez que fiéis tentam converter outros fiéis, estão provando que fé tem tanto valor quanto uma folha de papel higiênico usada.

Não é possível forçar alguém a amar. Ou amamos ou não. A Bíblia, no entanto, manda seus seguidores amarem Deus. E não apenas amarem, mas amarem de todo o coração, de toda a alma, de todas as forças e de todo o entendimento. O que é essa incoerente ordem senão o reconhecimento de que não amar seres invisíveis é a coisa mais natural do mundo? Se amar Deus fosse natural, a escritora e esposa de pastor Elizabeth Payson Prentiss não teria, em 1856, composto o famoso hino *More Love to Thee, O Christ (Mais Amor Por Ti, Ó Cristo)*, em que, ajoelhada, implora a Deus para que aumente o amor dela por ele. É evidente que Prentiss sentia que amar Deus é dureza.

Com base em dados coletados pelo Telescópio Espacial Kepler, da NASA, em 2013 astrônomos estimaram que só na nossa galáxia deve haver 40 bilhões de planetas semelhantes em tamanho e condições ao nosso. Imagine, caro leitor, que para um planeta igual à Terra enviássemos uma sonda espacial com um homem e uma mulher em estado de hibernação que, perfeitamente preservados, acordariam quando lá chegassem. Suas memórias foram apagadas, mas não o conhecimento científico que adquiriram na escola e universidade. Agora, pergunte-se: Sabendo o que hoje sabemos sobre o Universo e a Natureza, qual a probabilidade de esse casal vir a se sentir compelido, por exemplo, a ver o sol daquele planeta como um deus ou fazer esculturas de animais para adorá-las? Tente imaginar esses dois acreditando em seres invisíveis com asas nas costas e em lago invisível de fogo e enxofre.

Esse exercício de imaginação ilustra as razões não só de haver tantas crenças religiosas como também de, com o tempo, diminuírem em quantidade e influência. Quanto mais voltamos no passado, menos sabíamos sobre o Universo e a Natureza e mais supersticiosos e fanáticos éramos. Crença em divindades é, pois, resultado de incorrer na Falácia do Apelo à Ignorância, cuja variação teológica se chama Falácia do Deus das Lacunas, conceito que curiosamente remonta não a um ateu, mas a um evangelista, o escocês Henry Drummond, que já no século XIX repreendia cristãos que usavam lacunas do conhecimento para tentar provar a existência de Deus. Ainda hoje, Apelo à Ignorância é a falácia que crentes mais cometem: "A Ciência não sabe explicar isso e aquilo. Logo, Deus existe". Ora, não saber por que algo é assim e assado não prova a existência de outro algo, quem dirá de seres invisíveis. Admitir que não se sabe, por exemplo, como exatamente a vida surgiu não é vergonhoso: é nobre. Vergonhoso é não saber, não querer saber e "explicar" com a desavergonhada Falácia do *Goddidit*: "Deus fez".

Naturalmente curiosos, contudo incapazes de elucidar por que as coisas são do jeito que são, em sua ignorância os antigos inventavam explicações. Não sabendo, por exemplo, o que faz as nuvens trovejarem, relampejarem e dispararem raios, com que outra coisa haveriam os antigos de preencher essa lacuna do conhecimento senão com um ser invisível poderoso e colérico? No dia em que se descobriu as causas desses fenômenos naturais, tornou-se ridículo continuar acreditando num deus do trovão, como Thor, a versão nórdica e mais famosa dessa divindade, cultuada ao redor do mundo, até no Brasil como Tupã (nome que inclusive significa trovão). Se imaginarmos o conhecimento humano como uma estante, quanto mais voltamos no tempo menos livros ela continha e entre eles mais lacunas havia. À medida que o tempo passa, o conhecimento se expande e mais livros são colocados na estante, preenchendo cada vez mais lacunas e desalojando os deuses delas.

"Mas Paulo, nós cristãos somos monoteístas!" Judeus, cristãos e muçulmanos se acham superiores a politeístas, pois adorar só um deus seria lógico, ao passo que cultuar várias divindades seria superstição. Consequentemente, monoteístas seriam evoluídos; politeístas, primitivos. Pura arrogância e autoengano. O caro leitor quer saber o que é monoteísmo? Pegue o deus da fauna, o da flora, o da água, o do trovão, o da colheita, o da guerra, o da cura, enfim, todos os deuses de todas as coisas, misture-os e deles faça um deus. Dê-lhe o nome de Javé, se você for judeu, de Javé-Jesus-Espírito Santo, se você for cristão, de Alá, se você for muçulmano, e apelide-o de Deus. Isso é monoteísmo. Politeístas preenchem as lacunas do conhecimento com divindades; monoteístas, com uma divindade que incorpora todas as divindades.

Por motivos óbvios, jamais é mencionado em sermões ou livros publicados por igrejas que o Cristianismo tem origens politeístas. Javé, que para cristãos é o pai de Jesus, era apenas um dos muitos deuses que o povo hebreu adorava. Ao longo dos séculos, Javé absorveu algumas divindades, mas não todas. Deus único ele se tornou só através de imposição, por razões políticas:

Em Israel, o monoteísmo parece ter se desenvolvido num longo período de tempo, começando por volta do século X até o final do Exílio Babilônico. O monoteísmo israelita provavelmente teve início nas regiões montanhosas como uma religião tribal localizada, na qual cada tribo adorava sua própria divindade padroeira. As narrativas ancestrais de Gênesis pressupõem esse tipo de religião tribal. Com a centralização do Estado sob Davi e Salomão, surgiram defensores que elevaram Yahweh (Javé) a deus supremo sobre todas as outras divindades, incluindo El, Aserá e Baal, fazendo de Yahweh o "Deus de Israel". A combinação de religião com poder político forneceu ao estado monárquico os meios para exercer mais autoridade sobre o povo, enquanto continuava a tolerar a adoração de outros deuses. Gradualmente, o conceito de aliança se tornou uma expressão do relacionamento mútuo de bem-aventurança entre Yahweh e o estado monárquico. O contínuo fomento da atividade literária na corte e no templo foi fundamental para a promoção de Yahweh como o Deus de todo o Cosmos, que possui todos os atributos positivos anteriormente associados aos tradicionais deuses e deusas.

(Eerdmans Dictionary of the Bible, editado pelo pastor presbiteriano e arqueólogo Dr. David Noel Freedman, cujo orientador de doutorado foi ninguém menos que William Foxwell Albright, considerado o pai da arqueologia bíblica)

O que é o *Velho Testamento* senão uma coletânea de contos acerca dum povo que, por cultuar também outros deuses, era constantemente castigado, ou ameaçado de castigo, pelo zeloso Javé? Não é preciso ser um gênio para perceber que esses relatos tinham como objetivo apavorar os israelitas, compelindo-os a adorar só um deus. Entretanto, numa época em que rolos de papiros eram raras preciosidades e quase ninguém sabia ler, essas intimidações surtiam pouco efeito, motivo por que a erradicação de todos os concorrentes de Javé demorou tanto.

Cristãos fundamentalistas nada leem que possa estourar sua bolinha de sabão, sua visão idealizada, simplista, da Bíblia, advinda de interpretarem-na literalmente. Por isso, passam longe de livros como os do etnógrafo, historiador, orientalista e antropólogo Raphael Patai, um rabino doutor em línguas semíticas que foi professor da Universidade Hebraica de Jerusalém. Em *The Hebrew Goddess (A Deusa Hebreia)*, Patai revela que o deus da Bíblia foi casado:

A adoração dessa deusa [Aserá, a esposa de Javé] tem de ter sido extremamente popular em todos os segmentos da sociedade hebreia. Uma das razões para sua popularidade pode ter sido que promovia fertilidade em mulheres e ajudava no parto. [...] Para uso religioso privado, inúmeras estatuetas de argila de Aserá estavam em circulação, mostrando a deusa nua, com o característico gesto de segurar seus

O culto a Aserá, cuja "adoração fez parte da legítima religião, aprovada e liderada pelo rei, corte e sacerdócio", foi praticado por seis longos séculos. A estátua da mulher de Javé esteve no Templo de Salomão por nada menos que 236 anos.

É uma pena que os intolerantes javistas tenham vencido, eliminando a esposa de Javé. A Trindade faria mais sentido, se fosse Deus Pai, Deus Mãe e Deus Filho.

Quem adora um deus 3 em 1 não tem moral para desdenhar de politeístas, chamando-os de pagãos. Para os próprios cristãos, o dogma da Trindade é tão desconcertante e controverso que por séculos foi motivo de discórdias, rachas, perseguições e execuções entre trinitários e arianos, os seguidores de Ário, presbítero de Alexandria antitrinitário, quer dizer, que não acreditava na divindade de Jesus. Quando brigas de trânsito terminam em morte, não o achamos ridículo? Sim, mas pelo menos o motivo delas é compreensível. O que, porém, dizer de brigas sobre se um ser invisível é ou não dividido em três e elas terminarem em milhares de mortes? Em seu livro *The Age of Faith*, o historiador americano Will Durant relata que, ao substituir o trinitário Paulo I pelo antitrinitário Macedônio I como arcebispo de Constantinopla, o imperador romano Constâncio II desencadeou uma revolta que resultou na morte de cerca de 3.000 pessoas:

Não suportando ter em seu domínio alguém que negava que Jesus é Deus, 1.200 anos mais tarde João Calvino, o papa evangélico de Genebra, Suíça, mandaria o teólogo espanhol antitrinitário Miguel Servet ser torrado numa fogueira. Na protestante Inglaterra, em

1612 foi a vez do pastor Edward Wightman virar churrasco. E adivinhe por causa de que? Wightman pregava que Jesus não é Deus. A sentença de morte foi redigida pelo monarca que patrocinou a famosa *Bíblia do Rei Jaime*, mais conhecida como *King James Version*:

> [Wightman deve ser posto] em algum lugar público e aberto, abaixo da dita cidade [...], diante das pessoas [...], para ser queimado por seu detestável crime e como manifesto exemplo a outros cristãos, para que não caiam no mesmo crime.
>
> (Robert Wallace, *Antitrinitarian Biography*)

Quando interrogado pelo sumo sacerdote, Jesus declarou: "Vocês verão o Filho do Homem sentado à direita do Deus Poderoso" (Marcos 14:62). O *Novo Testamento* afirma pelo menos dez vezes que Jesus está sentado à direita de Deus. Se já é difícil acreditar em seres invisíveis, imagine num que está sentado ao lado de si mesmo.

Tirado de meu livro *Com Zeus Não Se Brinca*, em que, através de sarcasmo, exponho as loucuras do pensamento religioso, um exemplo da dissonância cognitiva que o dogma da Trindade causa em cristãos:

> — Em quantos deuses você acredita?
> — Um.
> — Como é o nome do seu deus?
> — Deus Pai, Deus Filho e Deus Espírito Santo.

Cristãos gostam de se gabar de o cientista inglês Isaac Newton ter sido crente em Deus (como se, no século XVII, isso fosse incomum). Não o fariam, se soubessem que, além de alquimista e, portanto, ocultista, Newton, que não acreditava em Diabo, demônios, tormento eterno e imortalidade da alma, era antitrinitário e considerava adorar Jesus idolatria. Newton só não foi queimado numa daquelas fogueiras que cristãos gostavam de fazer para torrar hereges porque nunca tornou públicos seus blasfemos escritos, descobertos após sua morte e mantidos em segredo até à década de 1960.

Mistério: Quando decidiu criar o ser humano, com quem estava Deus conversando? Assim como cristãos divergem sobre uma carrada de doutrinas, judeus não têm uma explicação unânime, nem plausível, para um versículo da Bíblia que dá margem a politeísmo no Judaísmo: "E disse Elohim: Façamos o homem à nossa imagem, conforme a nossa semelhança" (Gênesis 1:26). Embora traduzido para o português como Deus, Elohim é um substantivo plural, razão por que é usado também para deuses, como em "Não terás outros *elohim* diante de mim". Alguns rabinos dizem que Deus falava com os anjos, outros, que falava com a Terra e ainda outros, que, empregando o plural majestático, falava sozinho, mais ou menos como eu, quando estou em frente ao espelho: "Como somos lindos e charmosos!".

A maior prova de que o deus da Bíblia tem origens politeístas é ele ter exigido sacrifício de animais, ritual praticado por muitas culturas que judeus e cristãos consideram pagãs. Gênesis 8 relata que, tão logo saiu da arca, Noé construiu um altar e queimou alguns bichos (que ele, com muito sacrifício, acabara de salvar da inundação): "O Senhor sentiu o aroma agradável e disse a si mesmo: '[...] nunca mais destruirei todos os seres vivos'". Note, caro leitor, a confirmação da primitividade do deus judaico-cristão: é o cheiro da carne queimada que amolece o coração de Javé e o induz a prometer deixar de ser exterminador global. Em 2 Samuel 24, lemos que "mais uma vez, a ira do Senhor ardeu contra Israel". Javé bufava de raiva e tinha sede de vingança com tanta frequência que o redator desse conto nem sequer se deu ao trabalho de incluir a razão da divina ira. A fim de ter motivo para castigar os israelitas, Deus instigou Davi a contar o povo. Acredite quem puder, por causa dum censo, ainda por cima que ele mesmo incitou o rei a realizar, o deus de amor enviou uma praga sobre toda a população e mandou um ser invisível com asas nas costas destruir Jerusalém. No momento em que o Anjo da Morte transformaria a capital de Israel em pó, Javé se arrependeu (afinal, errar é divino). Mesmo assim, a peste continuou correndo solta, liquidando dezenas de milhares de inocentes. Orações, rezas, preces e súplicas, implorando a Deus para que suspendesse a dizimação de seu povo, caíam em ouvidos moucos. Só uma coisa era capaz de fazer o furibundo Javé parar de matar. Adivinhe o que? Exatamente: sangue. Assim que Deus sentiu o cheiro do churrasco que Davi fez num altar, a praga cessou — após já ter mandado 70.000 pessoas para o beleléu.

Na Bíblia, castigar inocentes é tão natural e comum que o próprio Davi, que também era poeta e músico, e cujo nome significa amado, compôs um hino instando a divindade judaico-cristã a matar crianças de fome:

> Fiquem órfãos os seus filhos e a sua esposa, viúva. Vivam os seus
> filhos vagando como mendigos, e saiam rebuscando o pão longe de
> suas casas em ruínas. [...] Que ninguém [...] tenha misericórdia dos
> seus filhos órfãos. Sejam exterminados os seus descendentes.
>
> (Salmo 109:9-10,12-13)

Se, em 70 d.C., seu templo não tivesse sido destruído, judeus ainda hoje estariam oferendando animais, visto ser lei bíblica. Desde 1967, o grupo Temple Mount Faithful tenta, em Jerusalém, reinstituir a prática do sacrifício ritual, o que só seria possível expulsando os muçulmanos do Monte do Templo, explodindo a Mesquita de Al-Aqsa e Cúpula da Rocha e, em seu lugar, construindo uma nova casa para Javé.

Haveriam os dois trilhões de galáxias e fantastilhões de estrelas e planetas do Universo de terem sido criados pelo deus dessa coletânea de cópias de cópias de mais cópias de farrapos de fragmentos de pergaminhos da Idade do Ferro? Haveria o Criador do Universo de mandar um pai transformar o próprio filho em "aroma agradável"? Abraão não considerou loucura a ordem divina para fazer churrasco de Isaque. Pelo contrário: Hebreus 11 diz que o patriarca obedeceu sem pestanejar porque tinha certeza de que Deus traria Isaque de volta.

Por causa de sua fé nas promessas bíblicas de cura, em 2018 os cristãos americanos Seth Welch e Tatiana Fusari deixaram seu bebê morrer. Aos israelitas o deus da Bíblia deu inúmeras instruções sobre o que devem e não devem fazer, o que não devem comer e até como devem se vestir. Embora a Bíblia não condene a medicina, nela não há uma única instrução do tipo "Se você ficar doente, procure um médico", mas há vários versículos dizendo que para ser curado basta ter fé. No Facebook, Welch publicou: "O justo viverá pela fé" (Romanos 1:17). Também pintou e pregou placas com passagens bíblicas, como "Seu Pai sabe exatamente do que vocês precisam antes mesmo de pedirem" (Mateus 6:8). Assim como Abraão tinha fé que seu filho seria ressuscitado, Welch e Fusari tinham fé que seu bebê seria curado. Abraão recebeu os títulos Pai e Herói da Fé, Welch e Fusari não receberam título algum — e estão vendo o Sol nascer quadrado.

Judeus e cristãos, podem ir tirando o cavalinho da chuva! Vocês não são melhores, mais evoluídos, que pagãos. A divindade que vocês adoram tem origens politeístas e, por conseguinte, é igualmente primitiva, tão primitiva que, para parar de soltar fogo pelas ventas, às vezes exigia sacrifício humano (o caro leitor se recorda de como, em Números 25, Deus condicionou a cessação duma epidemia ao enforcamento de hereges, não?). Após, obedecendo a ordens de Javé, terem passado ao fio da espada todos os "homens e mulheres, jovens e velhos, bois, ovelhas e jumentos" de Jericó, roubado toda a prata e ouro e tacado fogo na cidade, os israelitas, que venciam batalhas só quando Deus lhes dava uma força, foram postos para correr pelos guerreiros do próximo povo na lista divina de extermínios. Motivo: Deus ficara emputecido com um soldado que para si pegara alguns dos objetos saqueados. Como, porém, Javé é gentil, ele mesmo ofereceu a solução para o problema:

> "Vocês não serão capazes de vencer seus inimigos enquanto não removerem de seu meio esses objetos. [...] Aquele que roubou [...] será queimado." Então Josué e todos os israelitas tomaram Acã, filho de Zerá, a prata, a capa e a barra de ouro, e também os filhos, as filhas, os bois, os jumentos, as ovelhas, a tenda e tudo que pertencia a Acã, e [...] todo o povo apedrejou Acã e sua família e queimou os corpos. [...] Com isso, a ira ardente do Senhor se apagou.
>
> (Josué 7:13,15,24-26)

Pelas barbas de Tezcatlipoca (divindade para quem os astecas sacrificavam humanos)! Pense, caro leitor, no desespero sobretudo dos filhos desse soldado. Graças a Deus, Deus é "misericordioso e compassivo, lento para se irar e cheio de amor" (Jonas 4:2). Imagine se não fosse!

Adicionalmente a tortura (o flagelo de Cristo) e canibalismo (beber o sangue e comer a carne de Cristo, ritual conhecido como Santa Ceia), é indiscutível que o Cristianismo está fundamentado em sacrifício humano e filicídio. O que é a morte do Filho na cruz senão sacrifício humano para aplacar a ira do Pai?

> Cristo ofereceu a si mesmo a Deus como sacrifício [...], morreu para libertá-los do castigo [...], pois sem derramamento de sangue não há perdão.
>
> (Hebreus 9:14-15,22)

É bizarro que, numa era em que os seres humanos são capazes de construir sondas espaciais que visitam asteroides no Cinturão de Kuiper, a 6,6 bilhões de quilômetros da Terra, milhões de pessoas ainda cerimonialmente ingiram o sangue e a carne dum homem, segundo eles, martirizado e imolado por causa dum casal que, 4.000 anos antes, deu ouvidos a uma cobra falante.

No site apologético *Catholic Answers*, à pergunta "Por que Deus não simplesmente perdoou Adão e Eva?" o padre Charles Grondin respondeu:

Se Deus tivesse simplesmente perdoado Adão e Eva sem repercussões, a feiúra do pecado teria ficado escondida de nossos olhos. Se Adão e Eva pecassem sem consequências, nenhuma lição teria sido aprendida e a Humanidade teria sempre considerado de pouca importância o pecado.

Pela lógica cristã, cada vez que uma criança é raptada, estuprada e estrangulada, é para provar aos pais (e a nós) que Deus é bom por nos ensinar que dar uma dentada numa fruta mágica é algo terrível, tão terrível que força o Todo-Poderoso a consentir que, 6.000 anos depois, crianças sejam raptadas, estupradas e estranguladas. O que quer que aconteça, assim é que temos de reagir: "Estejam sempre alegres. [...] Sejam gratos em todas as circunstâncias, pois essa é a vontade de Deus" (1 Tessalonicenses 5:16,18). Se o Cristianismo é verdade, pense, caro leitor, nas pessoas cujo sofrimento foi tão horrível que perderam a fé em Deus: em vida, sofreram horrivelmente por um pecado que não cometeram (a dentada na fruta mágica); após a morte, sofrem horrivelmente no Inferno por terem permitido que seu horrível sofrimento as fizesse perder a fé em Deus.

Achar que o monoteísmo é mais lógico que o politeísmo expõe o ridículo da crença no sobrenatural, pois se a judeus, cristãos e muçulmanos não é possível saber sequer se Deus existe, muito menos se existe só um deus. As religiões politeístas podem estar certas e as monoteístas, erradas. Afinal, nada impede o Criador do Universo de criar também deuses. Com efeito, é precisamente isso o que muitas religiões politeístas pregam, inclusive a da Grécia Antiga. No princípio, havia só um deus: Caos. Caos gerou a deusa Gaia, que gerou outros deuses. Nas versão em que Caos não é um deus, mas apenas um estado ou lugar, Gaia é a deusa primordial e todas as divindades descendem dela. Em que a cosmogonia hebreia é mais lógica ou plausível que a grega?

Nem o monoteísmo é mais lógico que o politeísmo nem o Cristianismo é mais lógico que outras religiões. Considere, caro leitor, minha síntese do Cristianismo, provavelmente a mais concisa do mundo:

Religião que prega que o Universo foi criado por um ser invisível que pôs você no mundo como culpado de dois crimes, apesar de você não ter pedido para nascer: uma dentada numa fruta proibida, 6.000 anos antes de você nascer, e a morte do filho dele, 2.000 antes de você nascer. Por esses dois crimes que você não cometeu, você será torturado num lago de fogo e enxofre invisível, a menos que implore perdão ao criador do Universo e o adore.

Antes de serem extintas, as religiões suméria, babilônica, assíria, egípcia, grega, romana, germânica, nórdica e maia, para citar apenas algumas, existiram por séculos. Indubitavelmente, jamais passou pela cabeça dos seus milhões de praticantes que elas um dia desapareceriam. É, portanto, natural que também cristãos pensem que sua religião durará para sempre (ou até Jesus voltar). Se antigamente as religiões eram extintas sobretudo em decorrência de um povo ser conquistado por outro (também o Cristianismo se espalhou pelo mundo por meio de violentas conquistas), hoje sua maior ameaça é a Ciência.

O caro leitor se lembra daquele homem e mulher que, na imaginação, enviamos para aquele planeta igual ao nosso? Agora, imagine que não só suas memórias foram apagadas mas também o conhecimento científico que adquiriram na escola e universidade. Depois, pergunte-se: Se a descendência desse casal adorasse deuses, seriam os mesmos da Terra? Se escrevesse livros sagrados, diriam o mesmo que a Bíblia, Bagavadeguitá ou Alcorão? Se fundasse religiões, seriam as mesmas daqui? Obviamente, não. Sem embargo, se naquele planeta houvesse Ciência ("Atividade intelectual e prática abrangendo o estudo sistemático da estrutura e comportamento do mundo físico e natural por meio de observação e experimento" [*Oxford Dictionary of English*]) seria a mesma do nosso.

Quanto mais conhecimento científico, menos vontade de acreditar em coisas sem fundamento. Pelo menos nos países desenvolvidos, o Deus das Lacunas está em retirada. Em alguns deles, religiosos já são minoria. É o caso do Reino Unido, onde, em 1983, as pessoas sem religião somavam apenas 31%. Segundo a pesquisa *British Social Attitudes*, em 2018 esse número pulou para 52%. Entre os jovens, só 1% se identifica com a Igreja da Inglaterra, que, por falta de membros, todo ano fecha 25 templos. Conforme a *Annual Population Survey*, também de 2018, 60% dos moradores de Edimburgo, a capital da Escócia, estão se lixando para crenças religiosas. Já a Ciência goza da confiança de 72% da população mundial, revela o levantamento *Wellcome Global Monitor*, de 2018, realizado pela Gallup em mais de 140 países. Embora praticamente todas as religiões, em especial o Cristianismo, preguem que a fé faz doenças desaparecerem, em questões de saúde só 2% das pessoas confiam em líderes espirituais. Por que será?

Se o caro leitor é um livre-pensador e vive no Primeiro Mundo, amém: segundo o Pew Research Center, de Washington, em países desenvolvidos o número de pessoas sem religião não parará de crescer. Se você vive no Terceiro Mundo, não amém: devido à alta taxa de natalidade dos países subdesenvolvidos, globalmente a proporção de religiosos aumentará, fazendo com que em 2050 haja menos irreligiosos que hoje. De qualquer modo, ainda que demore chegará o dia em que a taxa de natalidade do Terceiro Mundo se igualará à de países desenvolvidos, inevitavelmente levando à diminuição do número de pessoas que acreditam em baboseiras.

Não é por acaso que a Teoria Científica da Evolução é universalmente aceita. Tantas evidências a sustentam que é reconhecida como verdade também pela grande maioria de cristãos e muçulmanos. Afinal, ao contrário do que fundamentalistas pensam, a Evolução não é anti-Deus. Apenas demonstra que o mundo ter sido criado em seis dias e a Terra ter só 6.000 anos é conto da carochinha. A Evolução é rejeitada por só um quarto dos 2,3 bilhões de cristãos: os evangelicalistas, como eu disse protestantes da linhagem dos puritanos, chatos de galochas, cuja chatice os fez ser expulsos da Inglaterra e imigrar para os Estados Unidos. Por influência do Tio Sam, lamentavelmente esse tipo de protestante, fanático, demonizador, é o que predomina no Terceiro Mundo e, portanto, no Brasil. Pois bem, o homo sapiens surgiu por volta de 300.000 anos atrás, mas foi só muito mais tarde que nele se desenvolveu a habilidade para falar e ele se tornou autoconsciente, demonstrando-o, por exemplo, através de adornos e pinturas rupestres. Disso resulta que o ser humano não creu em deus algum por dezenas de milhares de anos.

Numa época em que a roda era coisa de ficção científica, quando uma choupana era destruída por um raio o dono dela imaginava que nas nuvens morava um homem a quem ofendera. Não sabendo o motivo de o homem das nuvens estar irado, tentava aplacar a ira dele com o que de melhor havia: churrasco com legumes e frutas. Um belo dia, alguém teve a brilhante ideia de bradar "Uga buga!", cuja tradução literal é "Eu sei por que o homem das nuvens está irado!". Foi o primeiro charlatão, perdão, sacerdote, mais conhecido como abade, adivinho, agoureiro, aiatolá, apóstolo, arcebispo, astrólogo, babalaô, babalorixá, beato, benzedeiro, bispo, bruxo, capelão, cardeal, cartomante, clérigo, cônego, curandeiro, devoto, diácono, eclesiástico, encantador, evangelista, feiticeiro, frade, guru, iluminado, imame, macumbeiro, mago, mandingueiro, médium, missionário, monge, necromante, ocultista, padre, pajé, papa, pároco, pastor, patriarca, pontífice, pregador, prelado, presbítero, primaz, prior, profeta, rabino, religioso, reverendo, vidente, vigário e xamã. Quem tinha medo de trovão, ou seja, todo mundo, acreditou nas historinhas para boi dormir do porta-voz do Irado Homem das Nuvens e com elas passou a encher a cabeça de seus filhos — o que continua a ser praticado hoje. Eis por que religião existe e faz tanto sucesso.

Em todos os anos em que fui crente, nunca me perguntei "Por que creio em Deus?". Imagino que essa é uma pergunta que nenhum crente se faz, uma vez que indagar-se isso já é praticamente duvidar da existência de Deus e, por conseguinte, dar ouvidos ao Pai da Dúvida, conhecido também como Capeta, Capiroto, Diacho, Rabudo e Tinhoso. E o que acontece com quem dá ouvidos a Satanás qualquer criança doutrinada no Cristianismo sabe. Primeiro, a religião faz você acreditar. Depois, faz você ter medo de questionar.

Gênesis 3:6 diz que Eva comeu o fruto proibido não só porque a árvore era linda e parecia delicioso mas também porque "desejou a sabedoria que ele lhe daria". Seria esse o motivo de o deus da Bíblia ter relação ambígua com o saber, por vezes detestando-o?

"Destruirei a sabedoria dos sábios e rejeitarei a inteligência dos inteligentes." [...] Deus fez a sabedoria deste mundo parecer loucura. Visto que Deus, em sua sabedoria, providenciou que o mundo não o conhecesse por meio de sabedoria humana, usou a loucura de nossa pregação para salvar os que creem. [...] Pois a "loucura" de Deus é mais sábia que a sabedoria humana. [...] Deus escolheu as coisas que o mundo considera loucura para envergonhar os sábios.

(1 Coríntios 1:19-21,25,27)

Se algum de vocês pensa que é sábio conforme os padrões desta era, deve tornar-se louco a fim de ser verdadeiramente sábio. Pois a sabedoria deste mundo é loucura para Deus. Como dizem as Escrituras: "Ele apanha os sábios na armadilha da própria astúcia deles". E também: "O Senhor conhece os pensamentos dos sábios; sabe que nada valem".

(1 Coríntios 3:18-20)

Para as crenças religiosas, o saber é ameaçador, pois tem o poder de destruir o que as mantém vivas: a fé.

Contemple, caro leitor, imagens de galáxias. Depois, pergunte-se: Haveria o Criador do Universo de prezar e premiar a fé e desprezar e punir o analisar, deduzir, descobrir, escrutinar, estudar, examinar, explorar, indagar, inquirir, investigar, pensar, pesquisar, questionar, raciocinar, refletir e saber? Não é inconcebível que o raciocínio leve a deduzir que Deus (um deus genérico, sem nome e que não pertence a religião alguma) exista. Todavia, o raciocínio também pode levar a concluir, e, em virtude do que hoje sabemos, geralmente o faz, que o Universo não foi criado e Deus, portanto, não existe. Quando leva à crença em Deus, raciocinar é bom, mas quando leva à descrença de Deus, raciocinar é mau e passível de tortura num lago de fogo e enxofre?

Umas mais, outras menos, mas todas as pessoas são dotadas de senso crítico. Quando nos contam uma história, automaticamente a analisamos e intuitivamente sentimos se faz ou não sentido, parece ou não ser verdade. Com religião, não poderia ser diferente. Crentes também submetem doutrinas a escrutínio racional: as das outras religiões. Seguidores da Bíblia não perdem um segundo sequer de sono por rejeitarem as doutrinas do Alcorão, apesar de ele asseverar que quem as rejeita vai para o Inferno. Muito pelo contrário: ao tacharem de mentiras as verdades ditadas pelo anjo Gabriel a Maomé, cristãos se consideram inteligentes. Se muçulmanos também fizessem trabalho missionário, imagino a cena à porta da casa dum cristão:

Como qualquer pessoa, tenho meus defeitos, mas se de alguma coisa me orgulho, então de ser intelectualmente honesto. Honestidade intelectual é querer sempre e somente a verdade, nua e crua, seja qual for. É não ser seletivo, cometendo a Falácia da Evidência

Suprimida. É ter total compromisso com a coerência, assim definida pelo *Dicionário Aulete*: "Ausência de contradições ou paradoxos entre argumentos, ideias e ações". Honestidade intelectual é, portanto, algo que a religiosos é impossível ter. Como poderia ser intelectualmente honesto desacreditar das historinhas para boi dormir de um livro sagrado, porém acreditar nas historinhas para boi dormir de outro livro sagrado?

"Mas Paulo, as histórias fantásticas da Bíblia são apenas alegorias." Isso é desonestidade intelectual ao quadrado. Primeiro porque é um subterfúgio, a que cristãos recorrem para justificar as infantilidades do livro sagrado de sua religião. Quando a história é evidentemente ridícula, é só dizer que é alegoria, e pronto. Cobra e jumenta falantes? Alegoria. Arca de Noé? Alegoria. Baleia engolidora de homem? Alegoria. E segundo porque cristãos não aceitam essa mesma desculpa para justificar as infantilidades dos livros sagrados de outras religiões. Ademais, quem decide o que da Bíblia é alegoria? Milhões de cristãos fundamentalistas, entre eles os adventistas, tomam a Bíblia inteira literalmente. Acreditam, por exemplo, que uma oração de Josué realmente fez a Terra parar de girar, a fim de que o dia ficasse mais longo só para os israelitas terem mais tempo de acabar com a raça dos amorreus. Quais cristãos estão certos? E se, por serem ridículas, algumas histórias são "apenas alegorias", por que não a de Jesus? Se um deus 3 em 1 nascer duma menina virgem que ele mesmo engravidou, olhar para o céu e conversar consigo mesmo, sacrificar-se para si mesmo, a si mesmo ressuscitar e ir para o Céu sentar-se à direita de si mesmo não é uma história ridícula, então não sei o que é.

Quando judeus, cristãos e muçulmanos fazem uso do Argumento Cosmológico, ou da Primeira Causa para tentar provar a existência de Deus, estão sendo intelectualmente desonestos. Ainda que esse argumento provasse que Deus existe, como sabem os judeus que Deus é Javé; os cristãos, que Deus é Javé 2 (Jesus); os muçulmanos, que Deus é Javé 3 (Alá)? Não sabem — e não há a mínima possibilidade de saberem. O que sabem é que podem estar adorando, além de o deus errado, a versão errada de Javé, entretanto não o admitem. Isso é desonestidade intelectual.

Se não importa qual versão de Javé é adorada, judeus, cristãos e muçulmanos são dementes, pois só dementes passariam séculos mutuamente se massacrando por adorarem o mesmo deus. Se não importa qual versão de Jesus é adorada (a católica, a ortodoxa, a protestante, etc.), cristãos são psicopatas, pois só psicopatas passariam séculos mutuamente se trucidando por adorarem o mesmo deus. Se não importa qual versão evangélica de Jesus é adorada (a batista, a adventista, a assembleiana, etc.), evangélicos são retardados, pois só retardados gastariam tempo e energia tentando converter pessoas que já adoram o mesmo deus.

Não é preciso ser um gênio para reconhecer que não saber qual deus existe e qual religião o representa é evidência de que ou Deus não existe ou sua existência é inútil. Talvez os índios estavam certos, e Deus é Nhanderuvuçu. Convictos de que estavam fazendo o bem, os portugueses podem ter forçado o povo de Deus (a nação tupi-guarani) a adorar um deus falso: Jesus. Quiçá Deus nunca se revelou, assim fazendo de bobos bilhões de adoradores das mais variadas divindades. Se o Universo foi criado por um deus desconhecido, imagine quanto tempo foi e é perdido com sermões, orações, rituais e leitura de livros sagrados, e quanto dinheiro desperdiçado com templos e trabalho missionário. Todas as perseguições, torturas, execuções e guerras religiosas foram para nada.

No intuito de provar que Deus existe, é desonestidade intelectual fazer uso de argumentos filosóficos ao mesmo tempo em que se acredita num monte de coisas sem fundamento. É querer se passar por racional sendo irracional. Ainda que a existência de Deus pudesse ser provada, como provar que Satanás, demônios, anjos, espíritos, Céu e Inferno existem, que o homem foi feito dum boneco de barro e a mulher duma costela do homem, que Elias foi levado ao Céu numa carruagem de fogo, que Jesus existiu e nasceu duma virgem, ressuscitou, ascendeu ao Céu e é Deus e que Maomé voou de Meca a Jerusalém montado numa mula alada com cara de mulher e calda de pavão? Mesmo que Deus exista, os relatos dos livros sagrados podem ser mentira. Com efeito, é apenas através de lavagem cerebral que adultos logram aceitar como verdade contos tão fantasiosos. Acreditar neles não é só incoerente mas também infantil.

Supondo que para a existência de Deus houvesse um argumento filosófico irrefutável, o único posicionamento verdadeiramente racional seria o Deísmo, a crença num deus genérico. Quem adora um deus específico, dum livro, uma divindade que tem nome, ouve orações, suspende as leis da Natureza (faz milagres), recompensa, castiga e de seus adoradores exige adoração, é teísta. Visto não terem como saber se adoram o deus verdadeiro, teístas são irracionais. Já deístas sustentam que o máximo que se pode afirmar é que Deus existe. Após dar o pontapé inicial, Deus voltou a dormir. Ou é um criador compulsivo: passa a eternidade fazendo universos, pelo que não tem tempo para com eles se importar.

"Mas Paulo, então por que você não é deísta?" Simples: porque é um posicionamento insatisfatório. Para que diabos serve Deus, se, uma vez que não interage com sua criação, sobre ele nada posso saber? No fim das contas, é o mesmo que Deus não existir. Deísmo, portanto, é medo de dar o último e óbvio passo. Ademais, o caro leitor se lembra da minha mais célebre frase, "Não quero crer, quero saber"? Pois é.

Cristãos se aproveitam do fato de a palavra deus ser tanto substantivo comum quanto próprio. Como substantivo comum, deus designa divindades: Osíris é um deus, assim como Zeus e Vishnu. Em vez de, como seria o correto, chamarem o deus da Bíblia e, por conseguinte, do Judaísmo e Cristianismo, pelo nome e dizerem "Javé isso, Javé aquilo", cristãos dizem "Deus isso, Deus aquilo", convenientemente confundindo deus com Deus. Porém, como Osíris, Zeus e Vishnu, Javé é apenas uma divindade: o deus dum povo, dum livro, duma religião. Sem embargo, o Argumento da Primeira Causa não se aplica a deuses específicos, às divindades das religiões, como Javé, mas a uma força criadora genérica, a que se dá o nome de Deus e não pertence a religião alguma. Cristãos sabem disso, mas, por serem intelectualmente desonestos, fingem que não sabem.

1) Tudo que existe deve ter uma causa.
2) O Universo deve ter uma causa.
3) Nada pode ser a causa de si mesmo.
4) O Universo não pode ser a causa de si mesmo.
5) Algo fora do Universo deve ter causado o Universo.
6) Deus é a única coisa que está fora do Universo.
7) Deus causou o Universo.
8) Deus existe.

Com apenas três palavras, qualquer criança manda o Argumento Cosmológico para o espaço: "Quem causou Deus?". Se Deus não precisa ter causa, para ele abre-se uma exceção — e isso é desonestidade intelectual. Se uma exceção é aberta para Deus, por que não para o Universo? Se Deus não precisa ter sido causado, o Universo também não. Simples assim.

O Argumento da Primeira Causa não é outra coisa senão querer explicar um mistério com outro mistério. Para monoteístas, esse argumento inclusive é um tiro no próprio pé, pois pode ser usado também por politeístas, já que nele nada há que exclua a possibilidade de o Universo ter tido múltiplas causas. Podem existir muitos deuses, todos sem causa, isto é, eternos, e a criação do Universo foi trabalho de equipe. Podem existir muitos deuses eternos, e o Universo foi criado por apenas um deles, os outros ficaram só olhando. Mesmo que exista só um deus eterno, isso não o impede de criar outros deuses, capazes de criar, e o Universo foi criado não pelo deus eterno, mas por um dos deuses que ele criou. Tudo isso é possível.

Pelo fato de termos sido gerados por pais que foram gerados por seus pais, que foram gerados por seus pais, que foram gerados por seus pais (meu Deus, onde isso vai parar?), parece-nos lógico que também o Universo precise ter sido gerado por alguém. Todavia, raciocinar assim é incorrer na Falácia de Composição: supor que um todo tem de ter as mesmas propriedades de suas partes. Uma máquina que produz facas inquebráveis precisa ser inquebrável? Obviamente, não. Da mesma maneira, não é porque nós fomos gerados que o Universo também precisa ter sido gerado. Ademais, se um dia houve unanimidade acerca da ideia de todo efeito precisar ter causa, hoje a tendência é filósofos e cientistas a considerarem ultrapassada. No artigo *When Causality Breaks (Quando a Causalidade Se Quebra)*, de 2020, da revista americana *New Scientist* e que trata de experimentos no campo da Sobreposição Quântica, lemos:

Físicos estão percebendo que causalidade pode não ser tão simples quanto pensávamos. Em vez de causa sempre preceder efeito, efeitos às vezes podem precipitar suas causas. E, ainda mais espantoso, ambos podem ser verdade ao mesmo tempo. Nessa versão dos eventos, você estaria abrindo a geladeira porque a manteiga já estava na mesa, e sua torrada estaria perfeitamente dourada tanto antes quanto depois de você a colocar na torradeira. Você não estaria apenas fazendo o café da manhã: o café da manhã também estaria fazendo você. [...] Isso significaria que vivemos num mundo em que não só não podemos saber em que ordem os eventos aconteceram mas também que fundamentalmente não têm ordem definida alguma.

O Argumento Cosmológico coisa alguma diz sobre as características do causador do Cosmos, pelo que nada o impede de ser uma força impessoal, sem pensamentos, sentimentos ou vontades. De onde judeus, cristãos e muçulmanos tiraram que Deus ama, protege, ajuda e cura seus adoradores e quer levá-los para o Céu? Obviamente, não de livros filosóficos, mas da Bíblia e do Alcorão, livros religiosos. O Criador do Universo pode, por exemplo, estar se lixando para sua criação ou até sentir prazer em vê-la sofrer. Por que não?

O que os autores do *Velho Testamento*, escrito há 2.500 anos, e os do *Novo Testamento*, escrito há 1.900 anos, sabiam acerca do Universo? Nada. À luz do que hoje sobre ele sabemos, a própria Bíblia comprova que o deus dela não existe:

Os céus proclamam a glória de Deus; o firmamento demonstra a habilidade de suas mãos.

(Salmos 19:1)

Meu tio "lunático", aquele que fora pastor, construía seus próprios telescópios, os quais montava na praça de minha cidade natal, trazendo as manchas solares e crateras lunares até à garotada, que fazia fila para vê-las. A Lua tem tantas crateras que muitas delas têm crateras. Quem segue um livro que ensina que a Lua foi formada num instante pelas mãos dum *intelligent designer* precisa se perguntar por que foi bombardeada por milhões de asteroides. Evidentemente, a Terra também o foi, aliás, por ser maior, até mais. Entretanto, enquanto as lunares foram preservadas, chuva, vento, gelo e tectonismo apagaram quase todas as crateras terrestres. Das 190 ainda visíveis, a maior é a de Vredefort, na África do Sul, com um diâmetro de 300 km, causada por um asteroide que media entre 10 e 15 km. Um deus que faz um planeta e uma lua e os apedreja é doido de pedra.

Se "os céus proclamam a glória" de alguma coisa, então a dum acaso caótico e violento, pois desse violento caos resultaram, neste canto da Via Láctea, um planeta habitável, porém vulnerável, sete inóspitos (oito, se incluirmos Plutão), quase um milhão de asteroides e trilhões de cometas (na Nuvem de Oort). No momento em que escrevo esta linha, astrônomos já descobriram 5.055 planetas, dos quais 55 são habitáveis. Como se vê, além de a Terra não ser única, outros sistemas solares confirmam o que no nosso é manifesto: nenhum desenhista inteligente projetou o Universo. Se a Terra é produto duma mente inteligente, Vênus, um planeta com dias mais longos que os anos, uma pressão atmosférica 92 vezes maior que a da Terra (semelhante a nadar a 1 km de profundidade), uma atmosfera composta de 96,5% de gás carbônico (10% bastam para matar), chuvas de ácido sulfúrico e uma superfície tão quente que derrete chumbo, é produto de que?

Se o deus da Bíblia existe, "o firmamento demonstra a" inabilidade "de suas mãos", pois um deus realmente habilidoso formaria a Terra livre de abalos sísmicos. Só entre os anos de 2000 e 2016, terremotos mataram 801.629 pessoas. No dia 23 de janeiro de 1556, mais ou menos 830.000 pessoas perderam a vida no sismo de Shaanxi, na China. Em 26 de dezembro de 2004, um maremoto na costa oeste da Sumatra desencadeou uma série de tsunamis com ondas de até 30 m de altura, matando 227.898 pessoas em 14 países.

Um deus realmente habilidoso formaria um universo livre também de cataclismos cósmicos capazes de extinguir a vida, como supernovas e hipernovas, violentíssimas explosões (ou implosões) de estrelas que criam buracos negros e, de quebra, produzem erupções de raios gama, o que há de mais destrutivo em todo o Cosmos. Uma divindade que cria a vida num universo que destrói a vida é, no mínimo, esquizofrênica. De fato, mais de dois mil asteroides têm potencial para acabar com a vida na Terra, e, ainda que nenhum o faça, o mesmo sol que propiciou a vida se encarregará de exterminá-la. Daqui a um bilhão de anos, a temperatura média de 47 °C da superfície da Terra fará os oceanos evaporarem. Seis bilhões de anos mais tarde, o Sol, agora uma gigante vermelha, engolfará a Terra, mandando-a para os quintos dos infernos. Sabemos que isso não é ficção científica porque conhecemos outros sistemas solares nessa situação.

Salmos 8:5 diz que os seres humanos foram criados "apenas um pouco menores que Deus". Ora, se realmente fôssemos o suprassumo do Universo, este refletiria nossa superioridade. Tudo nele teria sido criado em função do ser humano, tendo como objetivo sua felicidade, exatamente como o Jardim do Éden, feito sob medida para o primeiro casal. Quem, contudo, tem um mínimo de conhecimento sobre o Cosmos sabe que, apesar de deslumbrante, é um lugar terrivelmente hostil. Quase tudo nele é mortífero. Para provar isso, não é necessário sermos fritados por uma gigante vermelha, torrados por uma supernova, pulverizados por raios gama ou devorados por um buraco negro: basta, por exemplo, passarmos uns meses na Estação Espacial Internacional. Sem traje espacial, fora dela morreríamos em questão de minutos. Dentro, a radiação cósmica pode causar câncer e a ausência de gravidade levar a enfraquecimento do sistema imunológico, atrofia muscular e deterioração do esqueleto.

Nosso sistema solar é letal. Em qualquer um de seus outros sete planetas (e cinco planetas anões e 214 luas), seríamos mortos ou pelo frio, ou pelo calor, ou pela falta de ar, ou pelos gases tóxicos, ou pelos ciclones, ou pelas tempestades de poeira, ou pela pressão atmosférica, ou pela radiação cósmica.

Se a vida na Terra é evidência da existência de Deus, a ausência de vida em sete planetas e cinco planetas anões ganha de 12 a 1 como evidência da inexistência dele.

De cada quatro cristãos, só um é bíblico-fundamentalista e, portanto, rejeita o Big Bang e a Evolução. Curiosamente, em disputas teológicas evangélicos adoram citar seu irmão na fé William Lane Craig, apologista que desdenha de cristãos biblicistas:

> Vi uma estatística que diz que mais de 50% dos pastores evangélicos pensam que o mundo tem menos de dez mil anos. Quando você reflete sobre isso, é extremamente embaraçoso que mais da metade de nossos pastores realmente acredita que o Universo tem apenas cerca de dez mil anos. Cientificamente, isso é uma bobagem. Apesar disso, essa é a opinião que a maioria de nossos pastores tem. É realmente muito chocante.
>
> (*Reasonable Faith*, site do próprio Craig)

O Universo existiu perto de dez bilhões de anos sem a Terra, que passou quase 4,5 bilhões de anos muito bem sem o homo sapiens. Comprimindo a idade do Universo a um ano, o Big Bang se deu em 1º de janeiro, o Sistema Solar se formou em 2 de setembro e o ser humano foi dar as caras só às 23h52 de 31 de dezembro. Como se vê, cosmicamente falando a Terra não está com essa bola toda e o ser humano não é o rei da cocada preta. O registro fóssil demonstra que a vida é frágil: a Terra já sofreu diversas extinções em massa. A mais avassaladora delas, a Extinção do Permiano-Triássico, também conhecida como A Grande Morte, há 252 milhões de anos, eliminou 95% das espécies marinhas e 70% das terrestres. Ademais, nada impede que, muito antes de o Sol transformar nosso planeta numa churrasqueira global, a vida seja aniquilada, por exemplo, pelo impacto dum dos trilhões de cometas que assombram o Sistema Solar. Aliás, o apocalipse nem sequer precisa vir de fora: com suas 14.000 bombas nucleares, cada uma com uma potência que faz as que arrasaram Hiroshima e Nagasaki parecerem dois peidos, o próprio ser humano é capaz de pôr fim à vida.

Quão insignificantes somos fica patente na *Canção da Galáxia*, cantada por Eric Idle no filme *O Sentido da Vida*, do grupo humorístico britânico Monty Python:

Sempre que a vida a deprime, Senhora Brown,

e as coisas parecem duras ou difíceis,
e as pessoas são estúpidas, desagradáveis ou idiotas,
e a Senhora sente que já chega,
lembre-se de que a Senhora está num planeta que está evoluindo
e girando a 1.670 quilômetros por hora,
que, calcula-se, está orbitando a 31 quilômetros por segundo
o Sol, que é a fonte de toda nossa energia.
O Sol, a Senhora, eu e todas as estrelas que podemos ver
estamos nos movendo 19.872.000 quilômetros por dia,
no braço espiral externo, a 828.000 quilômetros por hora,
duma galáxia que chamamos de Via Láctea.
Nossa galáxia contém 200 bilhões de estrelas
e mede 100.000 anos-luz dum lado ao outro.
No meio, tem 12.000 anos-luz de espessura,
mas aqui do nosso lado são apenas 1.000 anos-luz de altura.
Estamos a 25.000 anos-luz do ponto central galáctico
e damos uma volta a cada 220.000.000 de anos.
E nossa galáxia é só uma de milhões de bilhões,
neste universo incrível e em expansão!
O nosso universo continua se expandindo
em todas as direções em que pode zunir,
tão rápido quanto pode, na velocidade da luz*, a Senhora sabe:
18.000.000 de quilômetros por minuto, e essa é a velocidade mais rá-
    pida que existe.
Então, lembre-se, quando a Senhora estiver se sentindo muito peque-
    na e insegura,
de quão surpreendentemente improvável é seu nascimento.
E reze para que algum lugar no espaço tenha vida inteligente,
porque a Terra tem porcaria nenhuma.

[* Na verdade, acima da velocidade da luz]

Colisões de galáxias, supernovas, buracos negros, erupções de
raios gama, estrelas de nêutrons, planetas inóspitos, cometas, asteroides, meteoritos, vulcões, terremotos, maremotos, ciclones e Evolução são incontestáveis evidências de que o Universo não é projeto
de desenhista algum, a menos que o projeto era começar e abandonar ao deus-dará.

Mesmo que não possuíssemos lunetas e telescópios para observar
as espantosas bizarrices do Cosmos (já mencionei os planetas erran-
tes, aqueles que, não pertencendo a estrela alguma, vagam pela escu-
ridão interestelar?), a própria Terra é repleta de indícios de que é
guiada por uma mão: a do acaso.

— Woody Allen
(*A Última Noite de Boris Grushenko*)

O caro leitor já ouviu falar em mancenilheira? É uma árvore do Caribe. Seu nada paradisíaco nome em espanhol é *manzanilla de la muerte*. É tão tóxica que ficar embaixo dela em dia de chuva causa bolhas na pele. Sua seiva estraga a pintura de carros. Queimar sua madeira produz fumaça capaz de acarretar lesões oculares. Provar uma de suas lindas maçãzinhas faz a pessoa se arrepender de ter nascido: insuportável ardor na garganta e, devido ao inchaço, impossibilidade de ingestão de alimentos sólidos. Pior: vômito e diarreia tão severos que podem resultar em óbito. Pois bem, se Evolução é mentira, quem botou esse veneno nessa árvore — e por quê?

Para um deus que cria um planeta em que naturalmente ocorrem extinções em massa, seres vivos devoram outros seres vivos e seres vivos se alojam em outros seres vivos e lhes causam doenças que os levam à morte, a vida não pode ser especial.

"Mas Paulo, esse não era o plano de Deus!" Alô, desonestidade intelectual! Se Deus conhece o futuro, tudo é plano de Deus, inclusive o penteado de Donald Trump. Cristãos têm uma palavrinha mágica para desculpar, perdão, explicar tudo que há de errado e inocentar Deus: pecado. Por mais ridículo que possa parecer, dela nem o Universo escapa. Colisões de galáxias? Pecado. Buracos negros? Pecado. Crateras da Lua? Pecado. Sem embargo, a própria Bíblia diz que tudo é do jeito que é porque Javé assim o quis. Por causa da famosa dentada na fruta proibida, Deus amaldiçoou sua criação, embora não fosse obrigado a fazê-lo. Além disso, pôr a culpa na cobra falante piora a situação do onipotente Javé, uma vez que o transforma em cúmplice de Satanás. Num universo criado por um deus de poder ilimitado, não há lugar para poderes concorrentes, nenhum outro ser tem poder próprio, já que todo poder vem do Todo-Poderoso: "Teu é o reino, o poder e a glória" (Mateus 6:13), "Deus falou claramente, e eu ouvi várias vezes: O poder, ó Deus, pertence a ti" (Salmos 62:11). O livro da capa preta diz ainda que Deus já ganhou a guerra entre o bem e o mal, justamente porque um ser todo-poderoso não tem como perder (Lúcifer deve ser a criatura mais idiota do Universo, pois só um perfeito idiota tentaria derrotar alguém inderrotável). Quando uma criança pergunta a seus pais cristãos

"Por que Deus não mata o Diabo?", a clássica resposta é "Porque isso faria Deus parecer um tirano" (como se Javé não tivesse matado milhões de pessoas, incluindo inocentes). Que tal o Todo-Poderoso então simplesmente tomar de volta o poder que emprestou a Lúcifer? Destituído de poder, Satanás seria tão perigoso quanto um bicho-preguiça.

"Paulo, você sabe que Deus existe, mas você se recusa a nele acreditar." Essa é uma das acusações mais comuns feitas por cristãos, tirada de Romanos 1:19-20:

> Sabem a verdade a respeito de Deus, pois ele a tornou evidente. Por meio de tudo que ele fez desde a criação do mundo, podem perceber claramente seus atributos invisíveis: seu poder eterno e sua natureza divina. Portanto, não têm desculpa alguma.

O Livro dos Livros é ruim de lógica até quando acusa. Ora, se eu soubesse a verdade a respeito de Deus, não precisaria nele acreditar. Contradizendo-se, a Bíblia admite que não se pode saber a verdade a respeito de Deus, pois "é necessário que aquele que se aproxima de Deus creia que ele existe", o que é possível só pela fé, "a certeza daquilo que esperamos e a prova das coisas que não vemos", sem a qual "é impossível agradar a Deus" (Hebreus 11:1,6).

Se eu soubesse que Deus existe, não teria fé, mas se eu não tivesse fé, não agradaria a Deus. É coisa de louco.

Não rejeito Deus, pois para eu poder rejeitá-lo ele primeiro teria que existir.

"Paulo, chega de blá, blá, blá e prove que Deus não existe!" Acreditar em seres invisíveis seria natural, tão natural que não é necessário provar que existem, e duvidar de seres invisíveis seria desnatural, tão desnatural que é necessário provar que não existem. Deveria ser piada, mas não é: é realmente de maneira tão descarada que crentes tentam se safar da obrigação de provar a existência do que alegam existir. Se crentes não têm obrigação de provar que Deus existe, descrentes têm ainda menos obrigação de provar que Deus não existe.

Visto que Deus é viciado em brincar de esconde-esconde e resolveu morar não no mundo natural, onde nós moramos, mas no sobrenatural, onde moram os seres invisíveis, inclusive o Caipora e o Curupira, não posso provar por a + b que Deus não existe. Porém, nem preciso: os atributos de Deus se contradizem de tal modo que ele mesmo se encarrega de provar sua própria inexistência. As incoerências são tantas (razão por que é possível haver milhares de deuses e religiões) que a ideia de Deus nem sequer faz sentido. Se não faz sentido, acreditar em Deus é loucura.

Como já dizia Jack, o Estripador, vamos por partes.

Entre outras coisas, Javé, aliás, Jesus, aliás, Alá é

1) eterno,
2) perfeito,
3) onisciente,
4) onipotente,
5) onipresente e
6) incorpóreo.

1) Pois bem, o Universo teve começo. Se o Universo teve começo, no Universo existe o tempo. O tempo é uma limitação: a luz de Proxima Centauri, o sol mais perto do nosso, demora 4,2 anos e a de GN-z11, a galáxia mais longe da nossa, 13,4 bilhões de anos para chegar a nós. Se eu tiver uma repentina necessidade de, para usar uma expressão bíblica, aliviar meu ventre, ainda que eu corra precisarei de alguns segundos para chegar ao banheiro. Se Deus é eterno, não teve começo. Se Deus não teve começo, Deus é atemporal: para Deus, o tempo não existe. Pensamentos precisam de tempo, pois têm começo e fim. Logo, se Deus é eterno, não tem pensamentos. Se Deus não tem pensamentos, não tem como ter o impulso de criar coisa alguma. Pior: se, por ser atemporal, Deus não pode ser limitado pelo tempo, Deus não tem como existir no Universo, que é limitado pelo tempo.

2) Isaías 43:7 diz: "Tragam todos que me reconhecem como seu Deus, pois eu os criei para minha glória". Segundo o *Cambridge Dictionary*, ser perfeito é ser completo. Se Deus é perfeito, é completo. Se Deus é completo, a si mesmo se basta. Se Deus a si mesmo se basta, não sente falta de coisa alguma. Consequentemente, se Deus é perfeito não tem o desejo de criar seja lá o que for, muito menos para sua glória.

3) No filme *Noite de Pânico*, de 1982, um psiquiatra diz a outro: "Nunca se esqueça do que o místico hindu disse: 'Mente rápida, é louco. Mente devagar, é santo. Mente parada, é Deus'". Não sei de onde o rotcirista tirou isso, mas a parte sobre Deus realmente faz sentido. Se Deus é onisciente, conhece o futuro. Se Deus conhece o futuro, Deus não tem como ter pensamentos. Pior: se Deus conhece o futuro, Deus não tem como alterá-lo. Por conseguinte, pedir favores a Deus é gostar de perder tempo. Até porque, se Deus conhece o

futuro Deus conhece o conteúdo de todas as orações antes de serem proferidas. Pior: se Deus conhece o futuro, o futuro já está traçado (por Deus mesmo). Se o futuro já está traçado, o livre-arbítrio não existe. De fato, a própria Bíblia ensina que o livre-arbítrio não existe, por exemplo em Romanos 14:11: "Diante de mim todo joelho se dobrará e toda língua confessará que sou Deus". Se é verdade, isso está programado para acontecer.

4, 5, 6) Se Deus é onipotente e onipresente, nada o limita. Se nada o limita, Deus é incorpóreo. Se Deus é incorpóreo, infinitamente se expande em todas as direções. Se Deus infinitamente se expande em todas as direções, nada pode estar fora de Deus. Se nada pode estar fora de Deus, o Universo está dentro de Deus. Se o Universo está dentro de Deus, o Universo é Deus.

Por sinal, como haveria um pedreiro de construir uma casa se o material não existe, nem mesmo em forma de matéria-prima? Se antes de tudo só havia Deus, Deus é a fonte de tudo. Se Deus é a fonte de tudo, o Universo saiu de Deus. Se o Universo saiu de Deus, o Universo é constituído do que Deus mesmo é constituído. Se o Universo é constituído do que Deus mesmo é constituído, o Universo é Deus.

Entendeu, ou quer que eu desenhe? Sugiro memorizar, pois cairá na prova:

1) Se Deus é eterno, é atemporal. Se Deus é atemporal, não tem pensamentos. Se Deus não tem pensamentos, não cria.

2) Se Deus é eterno, é atemporal. Se Deus é atemporal, não pode existir no tempo. Se Deus não pode existir no tempo, não pode existir no Universo.

3) Se Deus é perfeito, é completo. Se Deus é completo, é autossuficiente. Se Deus é autossuficiente, não cria.

4) Se Deus é onisciente, sabe o futuro. Se Deus sabe o futuro, não tem pensamentos. Se Deus não tem pensamentos, não cria.

5) Se Deus é onisciente, sabe o futuro. Se Deus sabe o futuro, não pode alterá-lo. Se não pode alterar o futuro, Deus não ouve orações e o livre-arbítrio não existe.

6) Se Deus é onipotente e onipresente, não tem limite. Se Deus não tem limite, nada está fora de Deus. Se nada está fora de Deus, o Universo está dentro de Deus. Se o Universo está dentro de Deus, o Universo é Deus.

7) Se antes do Universo só havia Deus, Deus é a única fonte. Se Deus é a única fonte, o Universo é feito do que Deus é feito. Se o Universo é feito do que Deus é feito, o Universo é Deus.

O que o caro leitor acharia de ser espionado dia e noite, todos os segundos de sua vida, em todos os lugares, inclusive no banheiro? Tudo que você fizesse e dissesse seria registrado por alguém. Você o saberia, mas contra isso nada poderia fazer. Isso é precisamente o que um deus onipresente faria. Só que muito pior. Por mais invasivo que o mais totalitário dos regimes totalitários seja, pelo menos não penetra nossa mente. Já o controle pelo Big Brother celeste seria total: por ser também onisciente, de suas criaturas monitoraria ainda todos os pensamentos. Num universo criado por um deus onipresente e onisciente, haveria zero privacidade. Como poderia isso ser natural? Não é preciso ser doutor em Psicologia para deduzir que sentir-se incessantemente vigiado, escutado e escaneado (ainda por cima, sob ameaça de castigo) deve causar transtornos mentais em muitos dos bilhões de adoradores dessa divindade.

Só lavagem cerebral é capaz de tornar aceitável o inaceitável. Esta é a letra duma música (exportada dos Estados Unidos para o Brasil) que, em cultos infantis, crianças são levadas a cantar e eu, apesar de já terem se passado décadas, ainda sei de cor:

Cuidado, olhinho, com o que vê.
Cuidado, boquinha, com o que fala.
Cuidado, mãozinha, com o que pega.
Cuidado, pezinho, onde pisa,
pois o Salvador, do Céu, está olhando pra você.
Cuidado olho, boca, mão e pé.*

[* A versão original americana tem um verso extra que diz: "Cuidado, cabecinha, com o que pensa"]

O deus com o menor número possível de contradições é o deísta, porque sobre ele nada se sabe (mas que, por isso mesmo, não serve para coisa alguma). Deuses que têm nomes e vontades pertencem a religiões, que, por serem cheias de incoerências, levantam um monte de dúvidas e questionamentos. Uma pequena seleção, da longa lista de incoerências da maior religião do mundo e do Brasil:

1) Por que Deus criou Adão e Eva, se, por conhecer o futuro, sabia que pecariam e seu pecado traria sofrimento a bilhões de inocentes e forçaria Deus a, no Fim dos Tempos, destruir a Terra?

2) Por que Deus se deu ao trabalho de inundar toda a Terra para exterminar as pessoas más, se ainda há pessoas más?

3) Por que Deus inventou as línguas para causar confusão entre os pedreiros da Torre de Babel, se "Deus não é Deus de confusão"? (*"Traduttore, traditore"* ["Tradutor, traidor"]: por causa do pandemônio de idiomas criado por Deus, seu próprio livro precisa ser traduzido, gerando confusão de interpretações que levam a brigas entre cristãos confusos. Por séculos, a Bíblia foi traduzida não das línguas originais [hebraico, aramaico e grego], mas duma tradução para o latim. Só para o inglês, já foram feitas mais de 450 traduções.)

4) Por que a transmissão de sua vontade Deus confia a humanos, se são falhos?

5) Como pode Deus se ofender, se não tem como ser surpreendido?

6) Por que Deus manda pessoas para o Inferno, se fazem exatamente o que Deus quer? (Se Deus é perfeito, pode criar só coisas perfeitas. Se mais tarde as coisas criadas perfeitas se tornassem imperfeitas, Deus seria criador de imperfeição. Logo, tudo que suas criaturas fazem é perfeitamente do jeito que Deus quis.)

7) Por que está havendo uma guerra entre Deus e Satanás, se, por ter poder ilimitado, a Deus nem sequer é possível perder?

8) Por que o mundo não acabou e a Satanás ainda é permitido levar pessoas à perdição, se Jesus o derrotou na cruz há 2.000 anos?

9) Por que ir à escola, fazer faculdade, namorar, casar-se, ter filhos, trabalhar, praticar esportes, viajar, divertir-se, assistir à televisão, etc., se nada pode ser mais importante que ir para o Céu? (Não deveriam cristãos viver como monges, lendo a Bíblia, orando e louvando Deus, evitando tudo que os expõe ao risco de se perder?)

10) Por que cristãos abominam, demonizam e combatem (às vezes, com violência) o aborto, se quem vive corre o risco de ir para o Inferno e quem morre bebê Deus automaticamente leva para o Céu?

"Às vezes quero crer, mas não consigo.
É tudo uma total insensatez.
Aí, pergunto a Deus: 'Escute, amigo,
se foi pra desfazer, por que é que fez?'"

— Vinicius de Moraes
(*Cotidiano Nº 2*)

Como se vê, não é por decepção, raiva, birra, rebeldia ou aversão que não acredito em Deus: é porque Deus e a crença nele nem sequer fazem sentido. A fim de conseguir (voltar a) acreditar em Deus, eu teria de desligar meu cérebro e ignorar todas as incoerências, inconsistências, incongruências e ilogicidades. O problema é que não sei como desligar meu cérebro, nem por que deveria.

Quando a cristãos mostro contradições, absurdos e erros na Bíblia, estas são algumas das evasivas a que recorrem, por vezes citando o próprio livro que critico:

- A Bíblia foi alterada.
- "A loucura de Deus é mais sábia do que os homens."
- "Afasta-te de mim, Satanás!"
- As coisas espirituais se discernem só espiritualmente.
- Ateísmo também é religião.
- Com Deus não se brinca.
- "De Deus não se zomba."
- Deus é amor, mas também justiça.
- "Deus escolheu as coisas loucas deste mundo para confundir as sábias."
- Deus escreve direito por linhas tortas.
- Deus sabe o que faz.
- "Disse o néscio no seu coração: 'Não há Deus'."
- É para provar nossa fé.
- Isso valia só para aquela época.
- Já ouviu falar em exegese e hermenêutica?
- Jesus te ama.
- Não é bem assim.
- "O deus deste século cegou o entendimento dos incrédulos."
- "O homem natural não compreende as coisas do Espírito de Deus."
- "O Senhor disciplina a quem ama."
- Ore pedindo entendimento.
- Os desígnios de Deus são insondáveis.
- Quem é você, para questionar Deus?
- Um dia, Deus esclarecerá todas as nossas dúvidas.
- Você é limitado.
- Você é um ateu revoltado.
- Você é um neoateu toddynho.
- Você não sabe o contexto.
- Você vai para o Inferno.
- Vou orar por você.

O caro leitor já assistiu a vídeos de pregadores mirins, meninos gritando de terno e gravata, Bíblia na mão e dedo em riste? Pentecostais vão à loucura. E com razão, pois realmente é coisa de louco. Deprime-me ver crianças fanatizadas pelos pais.

Como eu disse, minha família inteira é adventista. Quando meu filho, que criei sem religião, fez cinco anos, fui da Europa ao Brasil visitá-la. Todo dia, ele e a filha, também de cinco anos, de meu irmão mais novo brincavam no jardim. Um dia, no quarto, meu filho reclamou: "Pai, ela fica me dizendo pra acreditar em Jesus!". O que é uma criança de cinco anos querer converter outra criança de cinco anos senão lavagem cerebral, automatismo, fanatismo?

Em muitas pessoas, a doutrinação infantil acarreta sérios problemas psicológicos, tanto mais quando a religião martelada na cabeça das indefesas crianças se baseia em medo de ser castigado até mesmo por apenas duvidar. Naturalmente, os filhos querem agradar aos pais. Quando, então, os filhos perdem a fé e decidem dar as costas às crenças dos pais, é quase impossível isso não causar decepção, constrangimento, sofrimento, conflito.

Foi tão comovente e animador topar com a história de Elia Drozdovska, uma menina ucraniana, contada por ela mesma à *YCteen*, uma revista juvenil de Nova Iorque, que fiz questão de traduzi-la:

Meu pai me levou à igreja pela primeira vez quando eu tinha cinco anos. Sou de Kiev e, ao contrário dos Estados Unidos, na Ucrânia as igrejas não têm bancos. Eu ficava horas em pé ouvindo o padre ler e cantar trechos da Bíblia. Minhas pernas doíam e eu ficava entediada. Eu queria ir para casa ver desenhos animados. Eu olhava para as pinturas de anjos e santos e contava quantas velas tinham sido acesas.

— Por que as mulheres têm de cobrir a cabeça quando estão na igreja, mas os homens não? — perguntei a meu pai durante a missa.

— É uma tradição. Cobrir a cabeça simboliza que a mulher é obediente e submissa ao marido — sussurrou meu pai.

Olhei para o menino ao lado e pensei: "Temos a mesma idade e o mesmo cabelo, mas por alguma razão Deus acha que ele é melhor do que eu".

Cresci numa família cristã ortodoxa. Eu orava todas as noites e ia à igreja todos os domingos com minha família. Desde os 15 anos de idade, meu pai fora voluntário na igreja, e como artista e escultor meu avô lá fazia muitos trabalhos. Na escola, durante as aulas os professores citavam a Bíblia. Eu era a única pessoa que eu conhecia que questionava a existência de Deus.

Quando eu tinha dez anos, peguei o primeiro livro de *Harry Potter* emprestado da biblioteca da escola e estava animada para lê-lo. No entanto, quando cheguei em casa e o mostrei a meu pai ele disse:

— Você precisa devolvê-lo. A igreja não o permite.

— O que você quer dizer? — perguntei. — Não permite o que?

— A igreja acha que livros como esse promovem magia negra e adoração ao Diabo.

Achei que não fazia muito sentido, mas não quis discutir com meu pai. Devolvi o livro.

Quando me tornei adolescente, meu pai me deu uma Bíblia. Quanto mais eu a lia, menos sentido ela fazia. Por exemplo, por que todas as mulheres têm de sofrer só porque a primeira mulher não deu ouvidos às instruções de Deus e comeu uma maçã? Por que a árvore de onde essa maçã veio é chamada de Árvore do Conhecimento? Se comer a maçã era proibido, significa que essas duas pessoas não deveriam obter conhecimento? Conhecimento é mau? Quando questionei meu avô sobre isso, ele me deixou ainda mais confusa ao falar sobre como é da natureza humana se esforçar para aprender mais e como isso pode estar associado a pecado.

Também me perguntei por que a Bíblia diz que a Terra tem apenas 6.000 anos, embora seja cientificamente provado que existe há pelo menos 4,5 bilhões de anos. E se existe só um Deus, por que há tantas religiões diferentes?

Em especial, incomoda-me a forma como Deus trata mulheres na Bíblia. Li uma passagem em Deuteronômio que diz que se um homem for pego estuprando uma jovem ele tem de dar prata ao pai dela e com ela se casar. De acordo com a Bíblia, se dinheiro for pago o estupro não só é aceitável como também a menina tem de passar a vida com o homem que a estuprou, pois ele tirou o valor dela.

Entendo que a Bíblia também promove coisas boas, como ser gentil e não roubar, mas em grande parte me parece hipócrita e discriminatória. Quando conversei com meus amigos sobre isso, descobri que muitos deles tinham os mesmos sentimentos conflitantes, mas também medo de como seus pais reagiriam, se os questionassem.

Minha avó costumava me dizer que sempre que está na igreja tem um sentimento de paz e santidade. Contou-me até que fica meio tonta, pois sabe que todos os santos estão olhando para ela. Eu, porém, na igreja não tinha esse sentimento, embora eu muito me esforçasse para me convencer de que o tinha. Tentei me conectar com Deus, mas não funcionou. Falar com Deus era como falar com um amigo imaginário, ou Papai Noel.

Uma noite, meu pai e eu voltávamos dum supermercado para casa. Ele abaixou a música.

— Amanhã de manhã, você vai à igreja conosco?

Eu quis pular do carro. Eu tinha o hábito de dar desculpas para não ir.

— Não tenho certeza. Sinto-me cansada. Quero dormir o suficiente para a escola amanhã — eu disse.

— Elia, você precisa ir. Já se passou muito tempo desde que você lá esteve. Você vai à igreja para se reconectar com Deus.

Fiquei olhando pela janela, desejando poder evitar essa conversa.

— Pai, e se eu não quiser mais ir à igreja?

— O que você quer dizer com não quer ir? Não é sobre o que você quer, e sim sobre o que é bom para sua alma!

— Simplesmente, sinto que é inútil.

— Como você pode dizer uma coisa dessas? Não entendo de onde tirou isso. Desde pequena, ensinamos você a amar Deus.

Pude ver que ele estava decepcionado e começando a ficar com raiva.

— Mais tarde, falaremos sobre isso — disse ele.

Quando chegamos em casa, não toquei mais no assunto, pois me chateava deixar meu pai bravo.

Era mais do que apenas discordar de tantas coisas da Bíblia. Eu achava que ir à igreja, assim como usar uma cruz no pescoço, não tornava minha vida nem melhor nem pior. Orar parecia uma perda de tempo, conversar com alguém ou algo que duvido que exista.

Quando chegamos em casa, ouvi meu pai dizer à minha mãe:

— Precisamos colocá-la numa escola cristã.

— Isso a afastará ainda mais da religião — respondeu minha mãe.

— Ela virá sozinha.

Depois disso, parei de orar à noite e usar uma cruz no pescoço. E meu pai parou de falar comigo.

Algumas semanas depois, as coisas voltaram ao normal com meu pai, e o assunto sobre se acredito ou não em Deus não voltou à tona. Enquanto eu me sentir desse jeito, sei que meus pais ficarão desapontados. Mesmo assim, estou feliz por saberem como me sinto.

Por alguns anos, meus pais insistiram que eu fosse à igreja com eles, mas me deixavam ficar do lado de fora, esperando que eu fosse entrar e orar. Fui porque entendi que acreditam que isso é o melhor para mim e porque respeito sua religião, mesmo que eu não a abrace. Nunca entrei.

Agora, tenho 16 anos. Minha família se mudou para Nova Iorque no ano passado. Sinto-me mais à vontade para discutir e compartilhar minhas crenças com meus novos amigos. Os adolescentes no meu colégio internacional praticam as mais variadas religiões, pelo que não me sinto estranha por ter crenças ou opiniões diferentes.

Há algumas semanas, na aula de educação física, eu estava conversando com uma grande amiga sobre como meninas se casam em comunidades muçulmanas.

— Muitas delas fazem isso por causa dos pais, e algumas acham que precisam dum marido para cuidar delas emocional e financeiramente — disse ela. — Também venho duma família muçulmana, mas eu mesma decidirei quando e com quem me casar.

— Que bom que você sabe o que quer. Penso da mesma maneira. Muitas vezes, as pessoas não entendem isso — eu disse.

— O que sua religião diz sobre isso? — ela perguntou.

— Na verdade, sou ateia, não sigo religião alguma.

— Espere, então você não acredita em deus algum? — Ela parecia confusa e com pena de mim. — Mas você é uma boa pessoa, então deve seguir as instruções de Deus.

— Não acho que preciso acreditar em Deus para ser uma boa pessoa.

— A gente se fala mais tarde. — Ela foi embora.

Surpreendeu-me que minha amiga tinha a mente tão aberta sobre as decisões de sua vida, mas não aceitou as minhas.

Não importa, ateia é como agora me identifico. A primeira vez que ouvi a palavra ateu foi na igreja, dita por estranhos. Seu tom de voz fazia com que parecesse algo mau e radical. Um dia, pesquisei a definição no Google e aprendi que significa não acreditar em Deus ou deuses. Também vi algumas estatísticas mostrando que ateus geralmente são mais instruídos. Fiquei orgulhosa de pertencer a esse grupo de pessoas.

Também descobri que há estereótipos sobre ateus serem pessoas más. As pessoas me perguntam: "Algo ruim aconteceu na sua vida, e é por isso que você não acredita em Deus?". Incorretamente, supõem que tive uma trágica experiência e agora estou com raiva de Deus. Ninguém morreu, não fui abusada quando criança e, não, não estou querendo atenção. Cheguei ao Ateísmo como resultado do meu pensamento crítico.

É muito comum religiosos afirmarem que Ateísmo é resultado de decepção. Por não terem de Deus recebido o que pediam, ateus seriam revoltados. Consequentemente, seriam também infelizes. O objetivo desse sarcástico preconceito é evidente: desmerecer os motivos que alguém teve para deixar de crer. Se admitissem que Ateísmo não é resultado de decepção, religiosos estariam reconhecendo que as razões que alguém tem para ser ateu são legítimas. E se admitissem que ateus não são revoltados e podem ser felizes, religiosos estariam reconhecendo que é perfeitamente possível viver bem sem Deus, religião e igreja. Imagine: buscando ser bom e feliz, ano após ano você se esforça para acreditar num ser invisível, lê um livro sagrado, todo dia fala com o ser invisível e toda semana vai à igreja, a que você dá dinheiro e onde ouve sermões e pratica rituais para agradar ao ser invisível. Um belo dia, você conhece alguém que é bom e feliz apesar de não fazer o sacrifício religioso que você faz. Seria desconfortante, quiçá desanimador, constatar que a crença em Deus e a prática religiosa não lhe dão real vantagem sobre quem não se importa com essas coisas.

Ensinei meu filho a fazer o bem. Quando, como adulto, meu filho faz o bem, fá-lo para agradar a mim, ser recompensado por mim, não ser castigado por mim? Obviamente, não. Quando, todavia, crentes fazem o bem, fazem-no para agradar a Deus, serem recompensados por ele, não serem castigados por ele.

Se não a única, a principal razão por que alguém se esforça para acreditar que Deus existe e obedecer às suas ordens é ser recompensado com vida eterna numa mansão de ouro. Infelizmente, esforçar-se para acreditar que Deus existe e obedecer às suas ordens não garante ser recompensado com vida eterna numa mansão de ouro. O Cristianismo é tão sádico que a seus seguidores não permite ter a certeza de que irão para o Céu, ainda que para isso se empenhem ao máximo: "Nem todos que me chamam: 'Senhor! Senhor!' entrarão no reino dos céus, mas apenas aqueles que, de fato, fazem a vontade de meu Pai" (Mateus 7:21). Qual exatamente, isto é, sem o menor resquício de dúvida, é a vontade do Pai nenhum cristão sabe. Do contrário, não haveria milhares de igrejas ensinando coisas até diametralmente opostas e bradando: "Essa é a vontade de Deus!".

Um cristão da periferia morre e vai para o Céu.

— Jesus, tô procurando o Herbert José de Sousa, mas não encontro ele.

— Quem?

— O Betinho.

— Que Betinho?

— O fundador da Ação da Cidadania Contra a Fome, a Miséria e Pela Vida.

— Ah, tá no Inferno.

— No Inferno?! Por que?

— Era ateu. Pior: comunista!

— Mas ele fez exatamente o que o Senhor mandou seus seguidores fazerem. Tive fome, e o Betinho me deu de comer. Estava nu, e o Betinho me vestiu.

— Dane-se! Não me adorou, se lascou.

Se Jesus existe e é assim, é um sadista que sofre de severo transtorno de personalidade narcisista. Acredite quem quiser, o Cristianismo realmente ensina que pessoas boas, como esse sociólogo e ativista dos direitos humanos, serão castigadas com inimagináveis torturas só por não terem crido num ser invisível chamado Jesus, como confirma o pastor Romildo Ribeiro Soares, líder da Igreja Internacional da Graça de Deus, numa de suas publicações no Facebook:

Nada melhor do que aceitar a obra realizada pelo Filho de Deus em seu favor e, depois, anunciar às pessoas essa boa ação, a qual desfaz a condenação que pesa sobre todos por causa do erro de Adão. Isso é mais sério do que pensamos. Negar a Jesus o direito de salvar a sua vida é uma atitude que o enviará para o lago de fogo e enxofre, o qual queimará dia e noite para sempre. Ninguém irá à perdição eterna porque adulterou, roubou, matou ou cometeu outro delito, visto que todos são culpados, e sim porque não recebeu o Senhor Jesus como Salvador.

Não é incrível que o Cristianismo seja a religião do amor e muitos de seus adeptos odeiem o Candomblé, mas a que ameaça de tortura por duvidar seja o Cristianismo, e não o Candomblé? E qual dessas duas crenças condenam pessoas ao tormento interminável por serem homossexuais? Com tudo que nele, dado que é uma religião e, portanto, ensina absurdidades, é criticável, no Candomblé pelo menos não existe a mais perversa de todas as doutrinas: o Inferno.

Imagine, caro leitor, que você nunca tivesse acreditado em Deus. Um belo dia, você conclui que o Universo foi criado. Por nada mudar em sua vida, chegar a essa conclusão não lhe satisfaz. Você quer saber como é o Criador do Universo e o que ele quer. Há só duas possibilidades:

1) Enlouquecer, ver uma luz que ninguém vê, ouvir uma voz que ninguém ouve e acreditar que elas vêm do Criador do Universo. (Mais tarde, você pode transformar em livro o que essa voz diz, intitulá-lo Palavra do Criador do Universo e fundar uma religião.)
2) Descobrir qual deus é o Criador do Universo.

Se escolher a segunda opção, você terá de fazer uma lista de todos os deuses já adorados e pesquisar sobre cada um. Aqueles de quem se conhece apenas os nomes você terá de descartar. Depois de analisar todos os deuses sobre quem se sabe como são e o que querem, você precisará decidir qual deles é o Criador do Universo. Visto que deuses sobre quem se sabe como são e o que querem pertencem a religiões, você terá de aceitar as doutrinas e praticar os rituais da religião do deus que você escolher. Resolvido o problema. Só que não. A despeito de tanto esforço, você poderá estar adorando o deus errado: o Criador do Universo pode ser um dos deuses que você descartou, um dos que você rejeitou ou um deus jamais mencionado em lugar algum — e o Universo pode não ter sido criado.

Se agora não ficou claro como crer em Deus é ridículo, não fica mais.

Não nego a existência de Deus. Nego que seja necessário acreditar em seres invisíveis. Infantes acreditarem em fadas e duendes é natural. Adultos acreditarem em deuses e demônios é infantil. Quando alguém afirma ouvir a voz dum ser invisível, naturalmente as pessoas ficam com medo e se afastam. Quando, porém, alguém afirma ouvir a voz dum ser invisível celestial, é reverenciado, denominado profeta e seguido por milhares de pessoas. Em vez de, por ouvirem a voz dum ser invisível, serem levadas em camisa de força para um hospício, pessoas como Joseph Smith (mórmon), Ellen White (adventista) e Aimee McPherson (quadrangular) fundaram igrejas que hoje movimentam bilhões de dólares. Como já dizia Chico Buarque, "Deus é um cara gozador, adora brincadeira", porquanto cada vez que fala para uma pessoa fundar uma igreja, fala para ela pregar uma verdade diferente. Depois, de cima duma nuvem e com um balde de pipocas infindáveis, fica assistindo às brigas pela verdade e rindo de as igrejas roubarem membros umas das outras.

Vivemos num mundo em que adultos acreditarem em seres invisíveis é tido como normal (e até desejável) e adultos duvidarem de seres invisíveis é considerado loucura. Durante uma celebração na igreja católica de Altshausen, Alemanha, em 1929 Gustav Mesmer, que vivera seis anos num mosteiro beneditino, levantou-se e disse que tudo aquilo era enganação. Por causa disso, o quase monge foi internado num hospital psiquiátrico, em que passou 35 anos e de onde tentou fugir 16 vezes. Mesmer ficou conhecido por desenhar pessoas voando em bicicletas com asas. Uma pesquisa da Gallup, de 2020, revelou que 95% dos americanos votariam num candidato à Presidência católico; num judeu, 93%; num evangélico fundamentalista, 80%; num gay, 78%; num muçulmano, 66%, mas só 60% elegeriam um que não acredita em seres invisíveis, mesmo que de todos os candidatos fosse o mais qualificado.

Nascemos ateus. Logo, o normal é ser ateu. Se nascêssemos crendo em Deus, quer dizer, sabendo que Deus existe, haveria só um deus e todo mundo o adoraria.

Tenho uma carrada de razões para o contrário, mas na hipótese de que concluísse que Deus existe eu jamais acreditaria num deus duma religião. Não sei duma única divindade que, por possuir qualidades melhores que as minhas, poderia me servir de bom exemplo. Algumas são até perversas, como Javé e Alá, deuses desprezíveis. É dever de toda pessoa minimamente sensata mandá-los para os quintos dos infernos, pelas mesmas razões por que para lá manda Hitler e Stalin. Quando muito, eu seria deísta, acreditando num deus que está se lixando para sua criação (quase escrevi cagando e andando, mas essa não é uma expressão digna dum livro sério). Sem embargo, crer num deus que não está nem aí e ser ateu é praticamente a mesma coisa. Mais paradoxal ainda é ser agnóstico, pois ficar em cima do muro é não acreditar em Deus, o que, como qualquer criança sabe, é ser ateu.

Ateísmo é resultado natural de honestidade intelectual. Quem não se contenta com nada menos que ser 100% intelectualmente honesto é ateu, pois Ateísmo é o único posicionamento livre de incoerências e contradições.

"Mas Paulo, Ateísmo também é religião!" Estampando na face a satisfação de quem está convicto de que deixará seu interlocutor sem saber o que responder, um dia, à mesa, meu pai me perguntou: "Se o homem veio do macaco, por que ainda existem macacos?". Gentilmente, respondi: "Porque não é isso o que a Evolução ensina". Ele abaixou a cabeça e voltou a comer. Uma pesquisa do Pew Research Center, de 2019, revelou que ateus sabem mais sobre religião que cristãos. Quem quer combater algo e não passar vergonha precisa estudá-lo. Quando um crente diz "Ateísmo também é religião", está passando vergonha, já que demonstra não saber o que é Ateísmo. Outra vez, vamos por partes:

1) Religião é crença no sobrenatural: deuses, anjos, demônios, espíritos, Céu, Inferno, reencarnação, milagres, etc. Sobre essas coisas religiões têm doutrinas, compiladas em livros sagrados, de que inclusive não se pode duvidar. A Bíblia e o Alcorão, por exemplo, ensinam que quem duvida do que está escrito nesses livros deve ser morto. Na maioria dos países, ridicularizar religiões dá cadeia. Ademais, religiões ditam o que é certo e o que é errado e o que deve e o que não deve ser feito, e exigem a prática de rituais.

2) Ateísmo é descrença de deuses, visto que pertencem não ao mundo natural, mas sobrenatural — ao qual, diga-se de soslaio, pertencem também seres como a Mula Sem Cabeça e o Saci Pererê. Descrer não tem conteúdo, isto é, ensinamentos, doutrinas. Acreditar, por exemplo, no Saci Pererê tem conteúdo: como ele é, onde vive, o que faz e o que quer. O contrário, ou seja, não acreditar no Saci Pererê, nada ensina — obviamente. Da mesma forma, descrer de Deus nada exige e nada manda fazer, nem de bom nem de mau.

Tente, caro leitor, imaginar alguém sendo queimado numa fogueira ou aviões sendo arremetidos contra arranha-céus em nome da descrença de Deus. Se descrença não tem conteúdo, nada ensina. Se descrença nada ensina, Ateísmo não tem como ser religião.

Qualquer conteúdo, mitologia, lenda, folclore e história pode ser transformada em religião, até alguns dos piores filmes de terror do mundo, como *Plano 9 do Espaço Sideral*, cujo diretor é o deus da The Church of Ed Wood. O objetivo dessa igreja é "injetar espiritualidade naqueles que recebem pouco contentamento das religiões tradicionais, como o Cristianismo. Ao assistir aos filmes de Ed Wood e olhar para sua vida, aprendemos a levar uma vida feliz e positiva". Cansado de ganhar mixaria com ficção científica, Ron Hubbard converteu o conteúdo de seus livros em doutrinas religiosas e fundou a Igreja da Cientologia, da qual são membros, por exemplo, os atores Tom Cruise e John Travolta.

Outra coisa que Ateísmo não é: afirmar que "Deus não existe". Esse erro é cometido também por alguns ateus, que devem ser castigados a escrever no quadro-negro 100 vezes "Sou ateu não porque Deus não existe, mas porque não há motivos para crer que Deus existe". Assim como não é impossível que a Mula Sem Cabeça exista, não é impossível que Deus exista. No entanto, por falta de evidências ("Caráter do que não dá margem à dúvida" [*Dicionário Houaiss*], "Caráter de objeto de conhecimento que não comporta nenhuma dúvida" [*Dicionário Aurélio*]), não há razões para nele acreditar. Uma vez que acreditar em coisas de que não se tem evidências é besteira, em Deus também.

Se isso não é honestidade intelectual, então não sei o que é.

Crer em Deus tem a ver com utopia, insegurança, medo, fuga, subordinação, dependência, uniformidade, controle e arrogância. Honestidade intelectual tem a ver com realidade, maturidade, bom senso, coragem, dignidade, autoestima, autorrespeito e humildade. Se ninguém sabe se Deus existe e, se existe, qual deus é o verdadeiro, crer em Deus é gostar de se autoenganar (e enganar os outros). Ser intelectualmente honesto é ter vergonha na cara e não mentir a si mesmo.

No momento em que escrevo estas linhas, a pandemia de Covid-19 já matou mais de 6.500.000 pessoas. Pouco depois de o cristão Donald Trump decretar o Dia Nacional de Oração, os Estados Unidos se tornaram o país mais afetado pelo Coronavírus. Pouco depois de o cristão Jair Bolsonaro decretar o Dia Nacional de Jejum, o Brasil se tornou o segundo país mais afetado pelo Coronavírus. O Covid-19 tanto fecha casas de Deus quanto mata homens de Deus. Contrário ao trancamento de templos, num sermão o bispo Gerald Glenn, fundador da The New Deliverance Evangelistic Church, exclamou: "Deus é maior que esse terrível vírus!". Duas semanas depois, Glenn estava morto. O Criador do Universo não mexeu um dedo para livrar seu servo das garras dum vírus quase um bilhão de vezes menor que um metro. Estava Deus ocupado brincando de jogar estrelas em buracos negros?

A crença em Deus não só não cura como até mata. Depois da medieval Peste Negra, que mandou de 75 milhões a 200 milhões de pessoas para o beleléu, a epidemia que mais vidas ceifou foi a Gripe de 1918: entre 17 milhões e 100 milhões. Dado que ainda hoje 85% da população mundial acreditam em Deus, é evidente que a vasta maioria dos mortos por esses microscópicos agentes infecciosos era crente. Pense, caro leitor, nos bilhões de súplicas e clamores que, durante aqueles fúnebres anos, entraram por um ouvido de Deus e saíram pelo outro. Hostil à Ciência, que segundo ele afastava as pessoas de Deus, Antonio Álvaro y Ballano, bispo da cidade espanhola de Zamora, afrontou as medidas sanitárias, as quais proibiam grandes reuniões, e convocou a população para uma novena em honra a São Roque, o santo encarregado de proteger contra pestes. Convencido de que a pestilência era castigo de Deus por pecados e ingratidão, Ballano continuou rezando missas diárias. Ao que parece, a estupidez e arrogância de Ballano emputeceram o Senhor, pois enquanto em Madri, que em 1918 tinha 600 mil habitantes, a taxa de mortalidade foi de 0,4%, em Zamora, com apenas 17.183 moradores, foi de 5,7% — a maior de todas as capitais de província. Amém?

Uma das histórias bíblicas mais marteladas em cabeças de crianças é a do livramento divino de Daniel da cova dos leões, como recompensa por ter desobedecido ao rei e permanecido fiel a Javé. Obviamente, relatos como esse objetivam convencer de que Deus existe, ama seus adoradores, com eles se importa, recompensa-os por sua devoção e tem poder para livrá-los até dos maiores perigos. Entretanto, milhões de pessoas foram mortas por causa de sua fé no deus da Bíblia (inclusive pelas mãos de irmãos na fé, quer dizer, adoradores desse mesmo deus). Para mostrar ao rei Nabucodonosor quem manda no pedaço, Deus fez questão de salvar Sadraque, Mesaque e Abede-Nego da fornalha ardente, mas não apagou as fogueiras que fizeram reformadores urrarem de dor e os transformaram em cinzas.

Para que exatamente serve um deus que livra, mas só quando lhe dá na telha? Se não é possível contar com livramento divino, quando há livramento não é possível ter certeza de que foi divino. Na Bíblia,

Javé é um deus ativo que constantemente intervém, alterando o curso dos eventos. Se Deus tem o poder de livrar, tem o poder de impedir. De fato, o livro da capa preta contém centenas de promessas de proteção divina, razão por que é comum crentes que escapam da morte afirmarem que Deus (o mesmo que impede Bíblias de serem queimadas) os impediu de serem mortos. Se tem o poder de impedir, Deus não tem desculpa para não fazê-lo sempre. Se Deus sempre impedisse, nunca precisaria livrar. De que o caro leitor chamaria alguém que pode impedir o perigo, mas não o faz só para salvar do perigo e poder posar de herói?

Enquanto o *Dicionário Aurélio* define o termo critério como "Princípio que permite distinguir o erro da verdade", a definição que o *Dicionário Houaiss* lhe dá é "Faculdade de discernir e de identificar a verdade". Quando falam de Deus, o que cristãos mais repetem é "Deus é amor" e "Deus é bom". Não deveriam, então, adicionalmente às muitas promessas bíblicas de proteção, livramento e cura, essas duas frases servir de critério para "distinguir, discernir e identificar a verdade" sobre o deus que cristãos garantem existir? Do contrário, elas não passam de bordões vazios. Se para tudo têm critérios, só não para acreditar em Deus, os próprios crentes provam que acreditar em Deus nada tem a ver com verdade. Acreditam nele por vários motivos, sobretudo medo da morte e Inferno, mas não porque seja verdade que Deus existe. Como poderiam "Deus é amor" e "Deus é bom" ser compatíveis, por exemplo, com a pandemia de Covid-19? Se um surto infeccioso global que fecha igrejas não é suficiente para concluir que Javé, Jesus e Alá não existem, nada é. De fato, o apóstolo Paulo confirma que cristãos não têm critérios, ou seja, não querem "identificar a verdade":

O que nos separará do amor de Cristo? Serão aflições ou calamidades, perseguições ou fome, miséria, perigo ou ameaças de morte? [...] E estou convencido de que nem morte nem vida, nem anjos nem demônios, nem o que existe hoje nem o que virá no futuro, nem poderes, nem altura nem profundidade, nada, em toda a criação, jamais poderá nos separar do amor de Deus.

(Romanos 8:35,38-39)

Se nada pode convencer um crente a deixar de crer, crer é estupidez. Sem critérios, crer em Deus é tapar os olhos e, com a boca escancarada cheia de dentes, esperar a morte chegar para ir morar numa mansão de ouro. O Covid-19 tornou evidente a inutilidade da crença em Deus. Mesmo assim, confirmando que crer é estupidez e acreditam num deus perverso, muitos cristãos veem nessa pandemia a prova da existência de Deus, que, como na Bíblia costumava fazer, estaria castigando a Humanidade. Por que o irado Javé desta vez está matando também quem trabalha para ele só Deus sabe.

Quando a realidade causa dissonância cognitiva, geralmente crentes rejeitam a realidade e se apegam à crença com ainda mais força.

— Alô, eu queria falar com o profeta.
— Não se encontra.
— Pode me dar o número do celular dele?
— Posso, mas lá onde ele tá o sinal não chega.
— Onde ele tá?
— Numa reunião com Deus. Quer deixar recado?

Dias após orar por infectados pelo Covid-19, garantindo que os curaria, Frank Ndifor, profeta da Kingship International Ministries, uma igreja na República dos Camarões, morreu dessa mesma infecção. Inconsoláveis, seus seguidores fabularam que a alma do pastor Ndifor apenas fora a um retiro espiritual com Deus e logo voltaria, pelo que acamparam em frente ao domicílio do profeta e esperaram. Como a bendita teimava em regressar, viram-se forçados a admitir que o iluminado estava morto e passaram para a fase dois: implorar a Jesus que ressuscitasse o amado mestre. Foi necessário uso de força policial e gás lacrimogêneo para dispersar a multidão e enterrar o homem de Deus.

O deus judaico-cristão é um deus presente que "não cochila nem dorme" (Salmos 121:4). Na Bíblia, Javé está sempre falando com alguém, através de sonhos, mensageiros, sacerdotes, profetas ou diretamente. A expressão "Assim diz o Senhor" aparece mais de 400 vezes. Deus escrevia em tábuas de pedra (Êxodo 31:18) e até em paredes (Daniel 5:5). Não é a própria Bíblia chamada de Palavra de Deus precisamente porque ele se deu ao trabalho de revelá-la? Pois bem, já que não se dá ao trabalho de impedir doenças (quem dirá fazê-las desaparecer), por que Deus pelo menos não revela as fórmulas para curá-las? Bem que poderia aparecer a um padre ou pastor e falar: "Filho do homem, vai à fábrica de remédios mais próxima e dize: 'Assim diz o Senhor: Essa e essa substância é o que precisais misturar para curar resfriados'". O deus bíblico curava lepra, mas, por incrível que pareça, não cura rinite alérgica (que, como milhões de pessoas, eu também tenho e odeio do mais profundo do meu âmago). Várias pessoas fundaram igrejas porque para isso teriam recebido revelação de Deus. Ellen White, a profetiza da Igreja Adventista, foi uma delas. O Criador do Universo revelou a White como fazer pão, que comer nozes faz bem, comer carne embota o intelecto, beber vinho e café é pecado, ginástica é bom e masturbação é suicídio lento, porém nunca a fórmula para a cura do câncer, que todo santo ano mata cerca de 1.800 crianças — só nos Estados Unidos.

O livro da capa preta ensina que a Terra está sob domínio do "príncipe deste mundo", Satanás, que "anda em derredor, bramando como leão, buscando a quem possa tragar", razão por que para cristãos (que "prosseguem para o alvo", que é o Céu, em que, por ser "estreita a porta e apertado o caminho", poucos entrarão) "o morrer é ganho". Quando um membro de igreja está enfermo ou sofre um acidente, a congregação inteira implora a Deus para recuperá-lo. Ora, se viver é expor-se ao risco de ser devorado pelo Diabo, isto é, perder-se e ir para o Inferno, suplicar a prolongação da vida é incoerência. Doenças e acidentes deveriam ser bem recebidos e vistos como oportunidades para escapar das garras de Satanás e ir sentar-se no colo de Jesus.

A cura de enfermidades é uma doutrina central do Cristianismo (tão central que se tornou um negócio bilionário), justamente porque Jesus garantiu que a fé confere superpoderes maiores que os do Homem de Aço, desde sanar doentes a ressuscitar mortos:

Tudo é possível para aquele que crê.

(Marcos 9:23)

Eu lhes digo a verdade: quem crê em mim fará as mesmas obras que tenho realizado, e até maiores, pois eu vou para o Pai. Vocês podem pedir qualquer coisa em meu nome, e eu o farei, para que o Filho glorifique o Pai. Sim, peçam qualquer coisa em meu nome, e eu o farei!

(João 14:12-14)

Ou Jesus fez promessas incumpríveis ou mentiu ou não existiu, porque nunca vi cristãos fazerem as mesmas obras que ele, quem dirá maiores. O Nazareno restaurou a mão dum homem, mas o bispo Edir Macedo não é capaz de curar a atrofia da sua própria. Não seria essa uma excelente oportunidade para os líderes espirituais das assim chamadas "igrejas sérias" darem uma lição aos adeptos da Teologia da Prosperidade, curando a mão do dono da Igreja Universal do Reino de Deus? De lambuja, poderiam fazer crescer cabelo na careca dele. Existe coisa mais tragicômica que dar dinheiro para ser milagrosamente curado por homens de Deus que o usam para (entre outras coisas) pagar as curas que recebem dos hospitais mais caros do Brasil? Quando confrontados sobre o porquê de a promessa de Jesus não funcionar, cristãos se apressam a dar desculpas: "Deus não é nosso escravo", "Deus não é nosso garçom" ou "Deus não é gênio da lâmpada". Talvez esteja faltando um pedaço do pergaminho, ou a Bíblia foi alterada, e o que o Nazareno originalmente disse foi: "Peçam qualquer coisa em meu nome, e eu o farei, *se me der na telha*".

Dois anos após me radicar na Áustria, passei na rigorosa prova de admissão do Conservatório da Cidade de Viena, para estudar Canto Lírico e Ópera. Trabalhei como cantor no Burgtheater, o maior teatro de língua alemã. Com corais profissionais, cheguei a me apresentar nos Estados Unidos, Alemanha, Itália, Israel e Japão. Ao fazer Faculdade de Canto, meu objetivo era alcançar o mais alto nível de educação da voz. Contudo, eu não morria de paixão por ópera, pelo que, passados uns anos, larguei essa profissão.

Em 2011, uma ex-colega de faculdade me enviou um e-mail perguntando se eu lhe faria o favor de traduzir para o português uma carta que a tia dela, que sofria de câncer, queria mandar para o médium João de Deus. Cuidando para não parecer rude, declinei dizendo que não compactuo com charlatanismo. A prova da vigarice de João Teixeira de Faria veio quatro anos mais tarde: para uma cirurgia no aparelho digestivo, o curandeiro, que é devoto da santa católica Rita de Cássia e afirma ter curado milhões de pessoas, recorreu à dispendiosa e nada espiritual medicina do Hospital Sírio-Libanês, em que ficou internado três semanas. (Cinco anos depois, João de Deus viria a ser condenado a mais de 40 anos de prisão por crimes sexuais.)

"Sofro" de disfemia, popularmente conhecida como gagueira. Alguns gagos têm menos fluência verbal que outros. Minha gaguez é *light*: às vezes, tenho bloqueios. Se não for severa, até certo ponto gagos podem aprender a controlar sua gagueira. É meu caso. Hoje, como se vê nos vídeos do meu canal *Apóstolo da Razão*, esses bloqueios são quase imperceptíveis, mas na minha infância e adolescência eram muito mais frequentes e evidentes. Meus irmãos me arremedavam. Numa aula de oratória da Faculdade de Teologia, tive de, diante dos colegas, falar de improviso sobre um tema surpresa — por três minutos. Foram os minutos mais longos de minha vida. Eu, que com regularidade cantava para grandes plateias (o canto não é afetado por esse problema, como comprova a música *Ski-Ba-Bop-Ba-Dop-Bop*, de Scatman John, que era severamente gago), não consegui ir até ao fim. Envergonhado, sentei-me. O professor, que era pastor, nunca se interessou em conversar comigo sobre o ocorrido. Um único colega sentiu pena de mim. Quando, após a aula, veio me animar, apanhou-me chorando. Enquanto crente, pedi a Deus um monte de coisas, mas não que mandasse minha gaguez para os quintos dos infernos. Minha mãe e irmãos também jamais oraram para que eu fosse curado da gagueira. Por que? Porque não tem cura. Judeus, cristãos e muçulmanos acreditam num deus todo-poderoso, mas não lhe rogam o que instintivamente sentem que não receberão (coisas que provam que Deus não existe, ou não ouve orações), como que renove o corpo de deficientes físicos e faça membros amputados crescerem e cegos verem.

O deus da Bíblia é cruel: faz promessas incumpríveis, bota a culpa no fiel, cuja fé nunca é suficiente, ameaça-o de castigo se reclamar e o manda para o Inferno se perder a fé. Num artigo para um site denominado *Fique Firme*, o padre Orione Silva relata a história dum pai que vendeu tudo e se mudou para os Estados Unidos, a fim de salvar seu filho de 15 anos das garras da leucemia.

Quando voltaram, o garoto estava pior ainda. E a família já sem dinheiro. Antônio se desesperou. Não aceitava a morte do filho. Brigou com Deus. Sabendo de sua crise de fé, membros de outra igreja foram procurá-lo e prometeram a cura, caso ele mudasse de religião. Disseram que Deus não estava ouvindo suas preces porque ele tinha imagens de santo em casa. Ele quebrou todas as imagens, contra a vontade da esposa, e mudou de religião. Na nova religião, gastou ainda mais, rezou ainda mais. E o filho continuava cada vez pior. Antônio mudou várias vezes de religião. Frequentou de tudo. Ele achava que o problema estava na religião ou em sua fé. Passados alguns meses, o filho morreu. A doença venceu e a morte chegou mais cedo para aquele garoto. Os amigos visitaram, acompanharam, choraram juntos. Mas nada consolava aquele pai. Desgostoso da vida, hoje Antônio é um homem sem fé. Ele diz que não adianta crer, pois na hora em que a gente mais precisa Deus vira as costas. Até hoje ele não aceitou a morte de seu filho mais jovem. E vive revoltado com a vida.

Esse é o final da matéria. Além da falta de empatia, não oferece explicação alguma e ainda desdenha das decisões e conclusões do pai.

Se existe um cristão que merece ter suas orações atendidas e de Deus receber cuidados, é o aqui já mencionado apologista William Lane Craig. Atualmente, ninguém faz mais pela defesa "intelectual" do Cristianismo que ele. Por ter debatido com ateus renomados, esse evangélico é, naquilo que lhes convém, tido como autoridade teológica também por católicos. Em seu site *Reasonable Faith*, Craig revelou que passou anos implorando a cura de sua atrofia muscular, que a cada ano piora. Todavia, o Criador do Universo nunca deu a mínima para o sofrimento desse advogado de Jesus. Forçado a justificar a indiferença da divindade do livro que ele ganha dinheiro para defender, Craig escreveu:

Deus nunca nos prometeu uma vida feliz e saudável. Tudo que temos é presente dele. Deus simplesmente não tem obrigação alguma de nos dar uma vida despreocupada. [...] Fica a critério dele escolher nos dar uma vida agradável neste planeta. Se, em vez disso, Ele nos dá uma vida cheia de miséria e sofrimento, isso também é prerrogativa dele. Deus é soberano, o Senhor de tudo, e não temos direito algum a uma vida livre de doenças ou dores.

Atente, caro leitor, para a naturalidade com que esse doutor em Teologia admite que vidas cheias de miséria e sofrimento também vêm do tal deus de amor, que as dá inclusive àqueles que o adoram. Craig, que precisou de dois transplantes de córneas, está respondendo a um admirador triste e ressentido pelo fato de suas incontáveis súplicas pela restauração de seus sérios problemas de visão serem recebidas com o devastador silêncio dum deus apático. Do topo de sua desonestidade intelectual e insensibilidade cristã, o professor aconselha:

Seja agradecido [...]. Pelo menos você não é cego! Pense em todos os que o são! A próxima vez que você for tentado a sentir pena de si mesmo, pense em todos os que estão em situação pior que você. [...] Diante de tanto sofrimento, como podemos ousar sentir pena de nós mesmos? Cultive um espírito de gratidão [...]. Entenda que a força de Deus pode ser exibida por meio de sua fraqueza.

Sem querer, ou não, nessa declaração Craig (que, pasme, é doutor também em Filosofia) comprovou o sadismo, masoquismo e perversidade do Cristianismo. Obrigado, Craig! Em entrevista à revista ultradireitista *Oeste*, ele afirmou que "O mal prova a existência de Deus. Na ausência de Deus, o mal não existiria". E olhe que

Craig é o melhor dos apologistas cristãos. Imagine, então, como deve ser o pior!

A pergunta que não quer calar é: "Para que serve a crença em Deus, se dele nada se pode esperar, muito menos cobrar?".

Crer em Deus é viver com conflito interno. Dependendo do deus em que se acredita e da religião que se segue, esse conflito pode ser maior ou menor. As notícias claramente mostram que a Humanidade está entregue à sua própria sorte, mas muitos crentes são induzidos a crer que as mazelas do mundo fazem parte do Plano de Deus. Buracos negros e explosões de estrelas claramente mostram que o Universo é governado pelo acaso, mas muitos crentes são induzidos a crer que a violência cósmica segue um propósito divino. A Ciência claramente mostra que o mundo tem bilhões de anos e a Evolução é factual, mas muitos crentes são induzidos a crer que ele tem 6.000 anos e tudo foi criado em seis dias.

Sou ateu porque decidi não mais viver com esse conflito. Sem Deus, as coisas são do jeito que são e tudo faz mais sentido. Não preciso ficar livrando a pele dum ser invisível ou jogando a culpa noutro ser invisível por tudo que há de ilógico no Universo e errado no mundo. As crateras da Lua, terremotos, furacões, doenças, guerras, fome, injustiça, o penteado de Donald Trump: tudo tem causas naturais ou humanas.

A coisa que mais amo é meu filho. Se um bandido, terremoto ou doença o matasse, como crente eu teria de desculpar Deus por não tê-lo protegido do bandido ou salvo do terremoto, por permitir a existência de doenças e não tê-lo curado, teria de pôr a culpa numa dentada numa fruta proibida, ser grato a Deus, louvar Deus e ir de porta em porta dizer que Deus é amor. Desculpe, caro leitor, minha franqueza, mas não consigo chamar isso de outra coisa senão absurdo, alienação, alucinação, asneira, baboseira, besteira, bobeira, burrice, caduquice, delírio, demência, desatino, despautério, desvario, disparate, distúrbio, doideira, estultícia, estupidez, idiotice, ignorância, imbecilidade, inépcia, insanidade, insciência, insipiência, loucura, maluquice, palermice, parvoíce, patetice, piração, sandice, senilidade, toleima, tolice e tontice.

Crer em Deus causa desarmonia entre convicção e conduta. Por exemplo, toda vez que um cristão toma remédio gera conflito interno. Para que se medicar, se acredita num deus que cura através da oração? Se for um cristão fundamentalista, gera ainda hipocrisia, pois confia num produto desenvolvido pela mesma Ciência de que ele zomba (entre outros motivos, por ela demonstrar que o relato bíblico da criação é historinha para boi dormir).

Todos os cristãos vivem com desarmonia entre convicção e conduta, pois nenhum pratica tudo que Jesus e os apóstolos ensinaram: ou porque não conseguem ou porque acham errados (inconsequentes, absurdos, perigosos, etc.) alguns desses ensinamentos. Exemplos de doutrinas cristãs que causam conflito interno:

- "O meu Reino não é deste mundo."
- "Eles [os meus seguidores] não são do mundo, como eu também não sou."
- "O Filho do homem virá numa hora em que vocês menos esperam."
- "Vivam esperando o dia de Deus e apressando a sua vinda."
- "O amor ao dinheiro é a raiz de todos os males."
- "Não acumulem para vocês tesouros na terra."
- "Não se preocupem com o amanhã."
- "Deus suprirá todas as necessidades de vocês."

Se cristãos acreditassem nesses preceitos, como haveriam de sequer se importar com dinheiro, quem dirá dele correr atrás? O livro de Atos, segundo a tradição escrito por Lucas, um dos discípulos de Jesus, narra que nenhum cristão sofria privações porque "os que possuíam terras ou casas as vendiam" e distribuíam o dinheiro "segundo a necessidade de cada um". Resumindo, os primeiros cristãos faziam exatamente o que Cristo mandou: não correr atrás de dinheiro. Caso o caro leitor tope com um cristão que, visto contar com a volta de Jesus a qualquer instante, não se preocupa com o amanhã, por favor avise-me: quero conhecer essa raridade.

Quando afirmam acreditar que "Deus suprirá todas as necessidades" deles, cristãos mentem. Na década de 1990, 11.000 fiéis da Convenção Batista do Sul, nos Estados Unidos, a maior denominação batista do mundo, perderam mais de meio bilhão de dólares que tinham passado a vida acumulando para a velhice. Esses apressadores da vinda do "dia de Deus" confiaram em pastores que lhes prometeram ganhos fáceis investindo seu suado dinheiro em imóveis. Sem embargo, o mercado imobiliário desabou, fazendo seus "tesouros na terra" virarem pó. Em consequência disso, a maioria desses capitalistas de Cristo foi obrigada a trabalhar até morrer. Por golpe de pirâmide financeira, os pastores foram colocados atrás das grades. Citando passagens da Bíblia, mais ou menos na mesma época homens de Deus da Greater Ministries International, uma igreja da Flórida, garantiram dobrar as poupanças de seus membros, aplicando-as em metais preciosos, através dum plano denominado Promessas de Fé. Tal investimento, no entanto, era conversa fiada: Promessas de Fé não passava dum esquema em pirâmide. Grande parte dos 18.000 crentes que caíram no conto dos vigários evangélicos nunca mais viu o verde de seus dólares. Vários pastores foram presos. O maioral foi sentenciado a 27 anos vendo o Sol nascer quadrado.

— Joseph Borg
(Presidente da North American Securities Administrators Association)

Às escondidas, evangélicos adoram as repúblicas islâmicas: enquanto nas nações desenvolvidas as religiões estão descendo pelo ralo, o quinto maior país do mundo está sendo convertido numa teocracia pentecostal. O ex-presidente Jair Bolsonaro, que é católico, mas astuciosamente se deixou batizar no rio Jordão (por um pastor político, mais tarde preso por corrupção), transformou ser terrivelmente evangélico em pré-requisito para alguém ser nomeado juiz da mais alta Corte de Justiça. No púlpito duma Assembleia de Deus, em 2020 Bolsonaro pregou, perdão, prometeu:

Se Deus quiser, teremos lá um pastor. Imaginemos as sessões do Supremo Tribunal Federal começarem com uma oração. Tenho certeza de uma coisa: isso não é mérito meu, é a mão de Deus. Sempre dobrei meus joelhos antes de tomar medidas importantes para todos nós. Se Deus me colocou aqui pelas mãos de vocês, tenho certeza de que essa missão será muito bem cumprida, porque antes de vocês me colocarem aqui ele tinha me colocado em primeiro lugar.

Trezentos anos após o Século das Luzes, é a Idade das Trevas raiando no horizonte do Brasil. Em 2021, o "Se Deus quiser" viria a se converter em "Deus quis": o terrivelmente evangélico e pastor de igreja André Mendonça, a prometida indicação de Jair Bolsonaro, foi aprovado para compor a Suprema Corte brasileira. Retribuindo favores, Mendonça foi comemorar sua eleição na igreja do talibã evangélico Silas Malafaia, ungido do Senhor investigado pela polícia por lavagem de dinheiro. O novo ministro pregou:

Foi uma grande vitória que Deus nos preparou. Era do plano de Deus. Estava estabelecido por Deus desde a fundação do mundo. Esse plano não pode ser frustrado. E não é por minha causa ou sua causa: é pela honra e glória de Deus.

Qualquer semelhança com o Irã ou Afeganistão não é mera coincidência.

Numa convenção dessa mesma igreja, Bolsonaro afirmou: "Acima da nossa Constituição está a nossa fé, está aquele livro conhecido como Bíblia Sagrada". Estava o então presidente, por acaso, referindo-se àquela coletânea de cópias de cópias de mais cópias de farrapos de fragmentos de pergaminhos da Idade do Ferro que ensina que cobras e jumentas falam, a mulher foi feita duma costela dum tijolo, o mundo foi povoado por meio de incesto e que homossexuais e filhos rebeldes devem ser apedrejados?

> "Não é segredo para ninguém que os evangélicos buscam alcançar, sem intermediários, o poder máximo da República. Pela primeira vez na história do Brasil, as igrejas evangélicas atuam de maneira coordenada para chegar ao comando do poder político. Estamos diante de um problema político sério que a direita evangélica traz para a democracia."
>
> — Rubens Barbosa
> (Ex-embaixador do Brasil nos Estados Unidos)

Manipulados por seus lobos, as ovelhas voltaram a achar bom misturar religião com política. De uns vinte anos para cá, tornou-se normal homens de Deus deslavadamente pedirem votos para seus parentes e amigos candidatos, invocando "valores cristãos" que eles mesmos não vivem. No Brasil, pelo menos um partido já nasceu no seio duma igreja: o Republicanos, criado pela Igreja Universal do Reino de Deus. Cristãos que misturam religião com política estão provando que não acreditam no tal Plano de Deus e não seguem nem Jesus nem o *Novo Testamento*. Do ponto de vista bíblico, a Frente Parlamentar Evangélica é um tiro de bazuca no coração do Filho de Deus. Jesus declarou que seu reino e seguidores não são deste mundo (João 18:36 e 17:16). Não é ridículo ter de lembrar aos cristãos também que todo dia é dia da volta de Jesus? A Bíblia é clara em afirmar que o Filho de Deus tacará fogo na Terra e estabelecerá a Nova Terra. Sabendo disso, despender energia em moldar, quer dizer, preservar um mundo que está para ser destruído a qualquer momento é esquizofrenia. O apóstolo Paulo dá não um tapa, mas um murro na cara de todo seguidor de Jesus que se importa com quem governa um país, estado ou cidade:

O caro leitor conhece um único cristão que aceita a passagem acima? Qualquer criança sabe que é impossível fazer política, por exemplo, sem rivalizar, atacar, acusar, brigar, enganar, tramar, trair, mentir ou favorecer ricos e poderosos, coisas 100% contrárias ao que, segundo a Bíblia, o Nazareno ensinou. Em 1 João 5:19, lemos que "o mundo todo está sob o poder do Maligno". Biblicamente falando, faz sentido. Afinal, por que diabos teria o Maligno transportado Jesus a uma montanha, a ele mostrado os reinos do mundo e dito "Tudo isto te darei, se te prostrares e me adorares", se não estivessem sob seu domínio? Em total conformidade com o que o Nazareno disse sobre seu reino não ser daqui, em 2 Coríntios 4:4 Paulo afirma que o deus do mundo é o Diabo. Disso resulta que cristãos que se engajam em política, cujo objetivo, pelo menos em tese, é a melhora, ou seja, perpetuação do mundo, são satanistas: adoram Satanás e a ele servem.

Crentes que misturam religião com política provam ainda que a oração não tem poder. Se tivesse, conseguiriam transformar o País a seu gosto só através de apelos, clamores, preces, rezas, rogos e súplicas.

O Cristianismo biblicista destrói a cultura. *Retratos da Leitura no Brasil*, pesquisa do Instituto Pró-Livro, de 2019, revelou que poucas e cada vez menos pessoas leem. O livro mais lido do Brasil é um amontoado de retalhos de papiros e pergaminhos de cavernas de desertos do Oriente Médio. Um povo sem cultura é um povo fanático e estúpido. Numa igreja, em 2013 Damares Alves, a ministra mais querida de Jair Bolsonaro (aquela que conversou com Jesus num galho duma goiabeira), declarou:

Correndo risco de morte, em 2020 uma menina de dez anos, que desde os seis era estuprada pelo próprio tio, foi encaminhada com dores na barriga a um hospital de Recife para a realização legal de aborto. Dando um belo exemplo de lavagem cerebral, dissonância cognitiva, incoerência, contradição, hipocrisia e histeria religiosas, cerca de 200 católicos e evangélicos bloquearam as entradas do hospital, pelo que a criança teve de entrar escondida no porta-malas dum carro. Atrapalhando a chegada de grávidas em trabalho de parto, os crentes berravam "Assassina!" e "Demônio!". Trata-se de gente que abomina a pedofilia, acredita que crianças têm anjos da guarda e fetos abortados vão para o Céu, lugar em que, se se arrependerem, estupradas que abortaram e seus estupradores passarão a eternidade louvando Deus. Além de com o médico, o bando de cristãos se revoltou com a menina, mas não com o todo-poderoso Javé-Jesus, que, cada vez que ela era estuprada, ficava só olhando.

Se o caro leitor pudesse, impediria uma criança de ser estuprada? Se sua resposta é "Sim", parabéns! Você é melhor que Deus.

Dez coisas que nenhum deus faz, mas que eu, se fosse Deus, faria:

1) Criar um universo sem perigos cósmicos.

2) No caso de o Universo desenvolver perigos cósmicos, impossibilitar que atinjam planetas habitáveis.

3) No caso de eu criar seres espirituais, impossibilitar que neles se desenvolva o mal.

4) Criar a Terra sem desastres naturais.

5) No caso de a Terra desenvolver desastres naturais, eliminá-los e impossibilitar o desenvolvimento de novos.

6) Criar a Terra sem doenças.

7) No caso de a Terra desenvolver doenças, eliminá-las e impossibilitar o desenvolvimento de novas.

8) Criar os seres humanos incapazes de fazer mal a outros e à Natureza.

9) No caso de eu decidir me revelar aos seres humanos, fazê-lo tão claramente que lhes seja impossível brigar sobre minha revelação.

10) Na minha revelação, pedir aos seres humanos para não encherem meu saco com bajulação e orações.

Dez perguntas que fazem crentes ou reconhecerem que crer em Deus é bobagem ou terem vontade de me queimar numa fogueira:

1) Como você sabe que Deus existe?

2) Como você sabe que existe só um deus?

3) Se existe só um deus, como você sabe que ele é Javé, e não Osíris, Brahma, Alá, Odin, Nhanderuvuçu ou outro deus?

4) Como você sabe que Deus se revelou à Humanidade?

5) Se Deus se revelou à Humanidade, como você sabe que foi por meio da Bíblia, e não da Bagavadeguitá, Tao Te Ching, Sutra, Alcorão ou outro livro ou outro meio?

6) Se Deus se revelou à Humanidade por meio da Bíblia, entre o Judaísmo e Cristianismo, como você sabe qual religião é a verdadeira?

7) Se o Cristianismo é a religião verdadeira, entre o Catolicismo, Ortodoxia e Protestantismo, como você sabe qual Cristianismo é o verdadeiro?

8) Se o Protestantismo é o Cristianismo verdadeiro, entre o Protestantismo Histórico, Evangelicalismo e Pentecostalismo, como você sabe qual Protestantismo é o verdadeiro?

9) Se o Evangelicalismo é o Protestantismo verdadeiro, como você sabe qual igreja evangélica é a verdadeira?

10) Se a igreja... Ah, chega! Em vez de acreditar numa coletânea de cópias de cópias de mais cópias de farrapos de fragmentos de pergaminhos da Idade do Ferro com histórias também da Idade do Bronze, por que não ser um livre-pensador?

Se o caro leitor é cristão, chama todos os outros deuses e todas as outras religiões de falsos. Exatamente como eu. Apesar de correr o risco de ir para o inferno desses deuses e religiões, você dorme como um anjo. Exatamente como eu. A única diferença entre mim e você é que vou um deus e uma religião além. Se milhares de deuses e religiões são falsos, por que haveriam logo seu deus e sua religião de serem verdadeiros?

Não é engraçado que a coisa de que os brasileiros mais gostam é também uma das melhores para expor o ridículo da crença em seres invisíveis celestiais? Quando marcam gols, é comum jogadores de futebol se ajoelharem, olharem para cima, erguerem as mãos e agradecerem a Deus — em ambos os lados do campo. Morro de curiosidade de saber que critérios o Criador do Universo usa para decidir qual time ele ajudará a ganhar. Assim que soou o apito final da partida em que o Brasil, na Copa do Mundo de 2014, foi derrotado pela Alemanha, o volante Luiz Gustavo se ajoelhou, fez o sinal da cruz e rezou. O que será que disse a Deus (que, como todo mundo sabe, é brasileiro)? "Obrigado, Senhor, por fazer a Alemanha tirar o pé e nos humilhar com só sete gols"?

Se Deus existe e é Javé, Javé-Jesus ou Alá, é representado por religiões rachadas. A maior delas, o Cristianismo, é subdividida em milhares de denominações. Se verdade é só uma e dessas subdivisões só uma representa Deus da maneira correta, bilhões de pessoas adoram Deus da maneira errada e levam outras pessoas a adorá-lo da maneira errada. Consequentemente, se existir, Deus adora ateus, pois só ateus não ensinam mentiras sobre Deus.

Em crianças e adolescentes, é inculcado que vida realizada depende de certas coisas, como casar-se e ter filhos. Fé em Deus e ter religião também costumam fazer parte dessa lista de ingredientes indispensáveis para ser feliz. Por causa disso, muita gente pensa que sem crer num amigo celestial e ser membro dum clube que o representa a vida seria incompleta. Crentes chegam a falar em "buraco na alma", cujo vazio poderia ser preenchido só com Deus. Ora, o hindu preenche seu vazio com Vishnu; o judeu, com Javé; o cristão, com Jesus; o muçulmano, com Alá; o candomblecista, com Iemanjá; o índio, com Nhanderuvuçu; Tom Cruise, com Ron Hubbard. Por conseguinte, quando chamam ateus de pessoas vazias crentes dão um tiro no próprio pé, pois se qualquer divindade tapa o buraco da alma o tal deus verdadeiro não existe. Ademais, se crer em Deus fosse garantia de felicidade crentes não sofreriam de depressão e homens de Deus não se matariam. Doze dias após pregar na Inland Hills Church, na Califórnia, sobre suicídio, dizendo que "há esperança, e ajuda está disponível", em 2018 o pastor e pai de três filhos Andrew Stoecklein tirou a própria vida. Em 2019, Jarrid Wilson, pastor da megaigreja Harvest Christian Fellowship, com 15.000 membros, também na Califórnia, pai de dois filhos e criador duma organização cristã de ajuda a deprimidos, suicidou-se. Era véspera do Dia Mundial de Prevenção do Suicídio. Pouco antes, Wilson tuitou: "Amar Jesus nem sempre cura pensamentos suicidas. Amar Jesus nem sempre cura depressão".

Das várias razões por que alguém acredita em Deus, uma das principais é o mistério da vida, que, segundo crentes, jamais será desvendado. Evidentemente, pensam assim por medo de que se extinga o último (e falacioso) motivo para crer num Criador. A célebre frase "O que hoje não sabemos amanhã saberemos" foi dita não por um ateu, mas crente em Deus, o médico português Garcia de Orta, em seu livro *Colóquios dos Simples*, publicado em 1563 na Índia, onde Orta estudava as plantas medicinais. (Por ser judeu, o botânico foi perseguido pela Inquisição Portuguesa. A irmã de Orta foi queimada numa fogueira. Os restos mortais do médico foram exumados e queimados num Auto da Fé.) Hoje, a Ciência sabe e é capaz de coisas que à época de Orta eram impensáveis e há apenas 150 anos eram consideradas impossíveis. Achar que nunca saberemos como a vida surgiu é, portanto, ingenuidade. Se não conseguimos imaginar o que a Ciência estará apta a descobrir daqui a cem, o que dizer de daqui a quinhentos, ou mil anos? É perfeitamente concebível que um dia saibamos transformar bonecos de barro em homens e costelas masculinas em mulheres.

Dói-me no coração que não seja possível coibir pais de enfiar imoralidades, perversidades e baboseiras religiosas na cabeça de seus filhos, como a existência de zumbis:

Então Jesus clamou em alta voz novamente e entregou seu espírito. Naquele momento, a cortina do santuário do templo se rasgou em duas partes, de cima até embaixo. A terra estremeceu, rochas se partiram e sepulturas se abriram. Muitos do povo santo que haviam morrido ressuscitaram. Saíram do cemitério depois da ressurreição de Jesus, entraram na cidade santa de Jerusalém e apareceram a muita gente.

(Mateus 27:50-53)

Sugiro ao bilionário homem de Deus e dono de canal de TV Edir Macedo que financie a produção dum filme de terror gospel baseado nessa passagem bíblica. Ao contrário do que Macedo até agora produziu, esse longa-metragem realmente encheria salas de cinema.

Respeito o direito das pessoas de acreditar em imbecilidades, não as imbecilidades em que as pessoas têm o direito de acreditar. Não quero que religiões gozem de privilégios, muito menos que ditem o que deve ser ensinado nas escolas. Chega de intromissão religiosa na política! Religiões que ensinam que incesto, poligamia, escravidão e matar crianças é normal não têm moral para impor moralidade. Exijo, sim, que seja proibido pastores dizerem a suas ovelhas em quem devem votar. Basta de cultos em repartições públicas! Decerto o caro leitor já ouviu falar de charlatões que foram presos por ilegalmente praticarem medicina, mas nunca de pastores e pastoras que foram presos por prometerem curas. Por que será? Exijo, sim, que seja proibido igrejas prometerem curas. Quando sobre isso criticados, cristãos desconversam: "Ah, mas essas não são igrejas sérias!" ou "Essas igrejas mancham o nome do verdadeiro Cristianismo". Cristãos se indignam com tantas coisas, chegam a mandar seus membros boicotarem produtos cujos comerciais de TV afrontam "valores cristãos". Onde, então, está sua indignação com pastores e pastoras que prometem curas? Não vejo "igrejas sérias", preocupadas em salvaguardar o bom nome do "verdadeiro Cristianismo", reivindicando o fechamento das igrejas inescrupulosas. Chega de pastores ricos! Exijo, sim, que seja proibido pastores enriquecerem. Basta de exploradores da fé, como o apóstolo Valdemiro Santiago e seus feijões mágicos! Chega de aproveitadores da credulidade, como o pastor Silas Malafaia e suas pregações de ódio! Basta de concessão de passaportes diplomáticos a homens de Deus! Chega de infernizar as pessoas com pregações em praças, ônibus e trens! Não tem essa historinha de Estado cristão, não. O Estado é laico, e a minoria que for contra que se mude!

É natural que, enquanto nas trevas da ignorância, o ser humano tenha passado milhares de anos acreditando em deuses e demônios criados para explicar o que no mundo há de bom e mau, dar proteção, tirar o medo da morte e oferecer esperança de reencontro com entes queridos falecidos. Há cerca de 300 anos, o Iluminismo iluminou. Quer achemos isso bom ou mau, ele estourou a bolha da ilusão. O Século das Luzes foi um *game changer*, uma virada de jogo, um divisor de águas. Escancarou os portões da prisão religiosa. Até ali, divergir ou descrer era crime. E o que acontecia com quem divergia ou descria sabemos muito bem. Torça os livros de História do Cristianismo e sairá sangue. A despeito de toda liberdade de consciência trazida pelo secularismo, em alguns países ainda hoje descrer de seres invisíveis é punível com a morte. Em todos eles, zombe de Zeus e nada lhe acontecerá. Em muitos deles, zombe de Deus e você poderá ver o Sol nascer quadrado.

Provo, aqui e agora, que descrença é bom. Nos países cristãos em que era proibido descrer, era proibido também crer — diferentemente da maioria. Quando era proibido ser descrente, crentes matavam outros crentes. A religião cristã maior perseguia as religiões cristãs menores. Para existirem, religiões precisam de liberdade religiosa, mas liberdade religiosa pode haver só onde é permitido aquilo que religiões combatem: a descrença. Afinal, crentes também são descrentes: descreem das outras religiões. Religiões combaterem a descrença é, portanto, esquizofrenia e autodestruição. Em vez de ameaçá-los com Inferno e tentar convertê-los, cristãos deveriam dar graças a Deus pela existência de céticos, incrédulos, descrentes, infiéis, blasfemadores e ateus.

Vou além: provo, aqui e agora, que religião é terrível. Séculos de conflitos e carnificinas entre diferentes vertentes do Cristianismo confirmam que ele não tolera tolerância. A única coisa que impede cristãos de voltar a matar em nome de Jesus é o Estado laico, fruto do secularismo. O objetivo de toda denominação cristã é que o mundo inteiro a siga. Justamente por isso, investem em trabalho missionário e muitas torram o suado dízimo de seus fiéis com programas de rádio e TV. Aliás, ser a única religião é o sonho também do Islã. Tente, caro leitor, imaginar uma religião alcançando esse objetivo e sendo obedecida por todos os habitantes da Terra. A ideia de pensamento uniformizado é tema recorrente de filmes distópicos e de terror. Se imaginar isso lhe arrepia os pelos da nuca, não queira ir para o Céu: ele é controlado por uma religião.

Um deus desconhecido não presta para coisa alguma. Só um deus conhecido tem serventia. Todavia, se sobre um deus alguma coisa se sabe é porque ele pertence a uma religião, que, segundo o *Dicionário Houaiss*, é um "sistema de doutrinas, crenças e práticas rituais próprias dum grupo social, estabelecido segundo uma determinada concepção de divindade e da sua relação com o homem". As religiões, porém, são nocivas. Ainda hoje, podem ser a causa de guerras e violência, geram rivalidade, divisão, arrogância e desprezo, cerceiam a liberdade de expressão e ameaçam de castigo a quem diverge, questiona ou duvida. Se acreditar num deus desconhecido é inútil, acreditar num deus conhecido é religião e religião faz mal, para que, então, acreditar em Deus?

Não acredito em *theos*. Logo, sou *atheos*. Não acreditar em seres invisíveis é positivo, já que sinal de lucidez. No entanto, quem acredita num monte de coisas sem pé nem cabeça não suporta lucidez. Em razão disso, à palavra ateu crentes dão conotação negativa. Só que ser ateu implica em eu ser também naturalista, humanista e livre-pensador. Essas palavras religiosos têm mais dificuldade em atacar e depreciar. Na grande maioria dos países, religiões gozam de privilégios. Crentes se acham no direito de constantemente esfregar religião na cara de todos: estátuas de divindades e santos em praças públicas, crucifixos e orações em repartições públicas, ensino religioso nas escolas, procissões e marchas religiosas, festas religiosas (inclusive o emporcalhamento de praias com presentes a Iemanjá), oferendas em encruzilhadas, evangelização de porta em porta, envio de missionários a terras indígenas e ao estrangeiro, padres cantores e pastores gritadores em programas radiofônicos e televisivos, etc. Tamanha liberdade e dominância não lhes é, entretanto, suficiente: adorariam que criticar suas crenças fosse proibido. Irritados, pejorativamente rotulam críticos de neoateus, como se criticar religiões fosse novidade.

Já na Grécia Antiga, céticos faziam adoradores de seres invisíveis bufarem de raiva. Ateus eram perseguidos e mortos (teriam os cristãos adotado essa prática dos gregos? Ah, lembrei: é mandamento do deus da Bíblia), como relata a historiadora Jennifer Michael Hecht, em seu livro *Doubt: A History (Dúvida: Uma História)*:

O poeta Diágoras de Melos foi talvez o ateu mais famoso do século V a.C. Anedotas sobre sua descrença sugerem que era autoconfiante, quase gozador e bastante público. Revelou a todo mundo os rituais secretos da religião Mistérios de Elêusis, "tornando-os comuns", isto é, propositadamente desmistificou um querido rito secreto, ao que parece para provocar a reflexão em seus contemporâneos. Um amigo lhe mostrou uma exibição de presentes votivos e disse: "Você acha que os deuses não se importam com os humanos? Nestas imagens, você pode ver quantas pessoas escaparam da fúria das tempestades marítimas orando aos deuses que os trouxeram a salvo para o porto". Ao que Diágoras respondeu: "Sim, de fato, mas onde estão as imagens dos que naufragaram e morreram nas ondas?". Diágoras foi indiciado por profanar os mistérios, mas escapou. Buscaram por ele em todo o império ateniense, o que indica que as acusações eram graves, mas não o encontraram.

"Criticar o Cristianismo é fácil. Quero ver você criticar o Islã!" Abu 'Isa Muhammad ibn Harun al-Warraq, um erudito da Bagdá do século IX, era cético quanto a existência de Deus e crítico de Maomé, Islã e religiões em geral. Ensinava, por exemplo, que se as pessoas são capazes de concluir que perdoar é bom, não precisam de profetas, e se o que profetas pregam é contrário ao bom senso e razão, devem ser rejeitados. Seu discípulo Abu al-Hasan Ahmad ibn Yahya ibn Ishaq al-Rawandi chegou a escrever livros em que classifica os rituais islâmicos e as histórias sobre Maomé daquilo que realmente são: ridículos.

Na maioria de suas obras, Ibn al-Rawandi defendeu a rejeição de doutrinas religiosas, que ele considerava inaceitáveis para a razão. Assim, atacou os profetas e certas interpretações e conceitos tradicionais do Alcorão. Entre seus ensinamentos, estava a ideia de que profetas fazem o mesmo tipo de alegações que mágicos e que o mundo é eterno e seus eventos não provam que têm uma primeira causa. Na opinião dele, o Alcorão não é a palavra eterna de Deus, nem é miraculosa sua linguagem. Alguns seres humanos fizeram declarações melhores que algumas das encontradas no Alcorão. Deus é como um inimigo irado que só remedia as coisas pela imposição de punição, e é capaz de cometer erros. Visto que pode fazer isso diretamente, Deus não precisa dum livro sagrado e profetas. Contudo, um deus que trata suas criaturas dessa maneira não é sábio. Sua falta de sabedoria é revelada também ao exigir que suas criaturas lhe obedeçam, apesar de saber que não o farão, e em mandá-las para o Inferno por toda a eternidade, se lhe desobedecerem. O Céu, como descrito no Alcorão, não tem coisa alguma de desejável.

(Shams Inati, Routledge Encyclopedia of Philosophy)

Pelo visto, era menos perigoso ser ateu na muçulmana Bagdá que na protestante Edimburgo — 800 anos depois. Em 1696, o estudante de medicina Thomas Aikenhead gostava de ir com os colegas aos cafés e bares de sua cidade natal. Numa dessas idas, expressou o que pensava sobre Deus e religião. Grande erro. Denunciado por alguns de seus "amigos", Aikenhead foi preso por blasfêmia. Da acusação constava:

Numa conversa, o prisioneiro repetidamente manteve que Teologia é uma rapsódia de bobagens mal inventadas, costuradas em parte das doutrinas morais dos filósofos e em parte de poéticas ficções e extravagantes quimeras. Ridicularizou as Sagradas Escrituras, chamando o Velho Testamento de Fábulas de Esdras, em profana alusão às Fábulas de Esopo. Insultou Cristo, dizendo que este aprendera mágica no Egito, o que o capacitou a fazer aquelas pegadinhas que foram chamadas de milagres. Chamou o Novo Testamento de história de Cristo, o impostor. [...] Disse que as Sagradas Escrituras estão tão cheias de loucura, tolices e contradições que admira a estupidez do mundo em ser por tanto tempo por elas iludido.

Aikenhead foi condenado à morte — para sua total surpresa, uma vez que, pela lei, a pena capital era imposta só após a segunda reincidência. Citando sua tenra idade, o estudante pediu clemência, mas as autoridades estavam determinadas a dele fazer um exemplo do que acontece a quem ousasse publicamente duvidar da existência de Deus. Na segunda petição, deixaram para a Igreja da Escócia, de orientação calvinista, decidir se Aikenhead deveria ou não ser perdoado. Visto que o famoso perdão cristão é bonito só na Bíblia, os homens de Deus insistiram na "vigorosa execução para conter a abundância de impiedade e profanação nesta terra". O livre-pensador tinha vinte anos quando foi enforcado. Em nome de Jesus.

Se o caro leitor é crente em Deus: não escrevi este livro para converter você ao Ateísmo. Como eu disse, ao contrário de religiões, que têm doutrinas e dogmas, que devem ser aceitos sem questionamento, o Ateísmo não tem nem doutrinas nem dogmas. Por conseguinte, nada ensina e nada exige. Nada há, pois, no Ateísmo que deva ser aceito, muito menos sem questionar. Questionar é precisamente o que eu gostaria que você fizesse! Ainda que não vá a uma igreja, se acredita em Céu e Inferno você segue uma religião, porquanto esses lugares invisíveis são doutrinas religiosas. Se acredita em Céu e Inferno, você acredita também em milagres, anjos, Diabo, demônios e espíritos. Direito seu. Não se irrite, porém, de eu lhe dizer que você está no mesmo nível intelectual de quem acredita em mágica, super-heróis, Bicho Papão, lobisomem, Gasparzinho e Shangri-La. Acreditando em coisas irracionais, não diga que crer em Deus é racional, a menos que você goste de fazer papel de ridículo.

A crença em Deus vive de mistério. Em seu livro *Vzdáleným Nablízku (Paciência Com Deus)*, o padre e teólogo católico Tomáš Halík, da República Tcheca, um dos países com o maior percentual de ateus do mundo, escreve:

Deus é mistério. Essa deve ser a primeira e última frase de qualquer teologia. Sempre que escrevemos ou dizemos algo sobre Deus, cada uma de nossas frases deve [...], como é a prática na liturgia do Oriente, ser acompanhada por dois anjos clamando: "Mistério! Mistério!". Na minha escrivaninha, em Praga, tenho um grande anjo de madeira que me adverte: "Se escrever sobre Deus, lembre-se de que está entrando numa nuvem de enigma. Tome cuidado para não pensar nem por um momento que você adquiriu suficiente compreensão do mistério de Deus".

Duas das definições que o *Dicionário Aurélio* dá ao termo mistério: "Objeto de fé ou dogma religioso que é impenetrável à razão humana; toda a doutrina cristã sobre Deus e sua ação". Já no *Dicionário Houaiss*, um dos significados de mistério é: "Algo que é incompreensível, que não se consegue explicar ou desvendar". Ora, é justamente por Deus ser mistério, quer dizer, impenetrável à razão e incompreensível, que há tantos deuses e religiões e rivalidade entre religiões que seguem o mesmo deus. Se Deus é mistério, por que se importar com ele? Se Deus se esconde, por que temos nós de buscá-lo? Ninguém o mandou se esconder. Esconde-se porque quer.

A crença em Deus vive também de desculpas esfarrapadas. Há sites que se dedicam a polir a imagem dos cristãos e passar a ideia de que sua fé não é cega, mas racional, que confrontá-los com perguntas difíceis não lhes causa desconforto, embaraço, uma vez que as contradições e irracionalidades são apenas aparentes. Para cada uma delas há uma explicação perfeitamente lógica. Com toda sinceridade, desses sites nunca topei com um que respondesse aos questionamentos (que, aliás, são formulados por eles mesmos). Não dão respostas, só justificativas e racionalizações. Algumas são hilárias; a maioria, estapafúrdias. À pergunta "Por que Deus não é mais óbvio?" (note que o "mais" é para não admitir que Deus não é nem um pouco óbvio) um apologista inglês "responde":

Eu concordaria que Deus não é forçosamente óbvio, mas não acho que isso o limita a ser uma questão de fé do tipo pegar ou largar. Acho que faz mais sentido ver Deus como claramente visível, embora não seja tão óbvio.

Essa "resposta" me fez lembrar duma frase que, há décadas, li num livro sobre retórica e tira sarro de gente que, apesar de soar intelectual, não diz coisa alguma que preste:

É notório que a precariedade da conjuntura hodierna se prende a circunstâncias exóticas, alienígenas, que nos conduzem pelos caminhos ínvios das potencialidades ignotamente remotas e redundantes.

Para um deus todo-poderoso, capaz de criar trilhões de galáxias, provar sua própria existência, assim acabando com a balbúrdia e brigas religiosas, seria a coisa mais fácil do Universo. De fato, Deus, que no Dilúvio afogou bilhões de animais, poderia matar dois coelhos com só uma cajadada: provar que existe e provar que o Cristianismo é a religião verdadeira — e isso sem nem precisar dar as caras. Já que adoram um deus de amor e que cura, cristãos poderiam marcar um Dia Mundial de Cura e Erradicação das Doenças. Nele, todos os 2,4 bilhões de seguidores de Jesus clamariam a Deus para que curasse todos os doentes e erradicasse todas as doenças. Se todos os doentes fossem curados e todas as doenças fossem erradicadas, ficaria provado que Deus existe e o Cristianismo é a religião verdadeira. Todo mundo sairia ganhando.

Preciso explicar por que cristãos (e adeptos de outras religiões) não fazem isso?

Quando, à mesa, religiosos agradecem a Deus pelo alimento, é comum suas orações terminarem com frases do tipo "E dá de comer também aos pobres e necessitados". Todo ano, mais de 800 milhões de pessoas passam fome e nove milhões de pessoas morrem de fome. Uma criança morre de fome a cada dez segundos. Disso resulta que ou Deus não ouve orações ou é injusto ou é sádico ou não existe. Qual, caro leitor, dessas quatro alternativas lhe parece a mais provável?

Observe que pedir a Deus para não deixar pessoa alguma morrer de fome não é uma oração absurda (muito menos para um deus amoroso e todo-poderoso). Afinal, crentes oram não só por si mesmos, pedindo coisas como ajuda para passar na prova ou conseguir emprego, mas também por outras pessoas (e até animais e países). Exortando os fiéis a orar uns pelos outros e garantindo que Deus atende às súplicas de qualquer pessoa, desde que seja justa, em Tiago 5:17-18 o apóstolo Paulo diz que Deus enviou uma seca sobre Israel em resposta a uma oração do profeta Elias. Foram três anos e meio de fome. Será que há fome na Terra porque Deus está atendendo às orações de imitadores do profeta Elias?

Deus não é necessário. Quanto menos religioso e mais secular, melhor o mundo se tornou. Cite, caro leitor, uma época anterior à introdução da separação entre Igreja e Estado em que havia menos guerras, conflitos religiosos, violência, pobreza, fome e despotismo e mais segurança, liberdades, direitos, saúde e educação que hoje. Apesar dos pesares, o mundo nunca foi tão bom quanto após deixar de ser centrado em Deus. Note que um de nossos maiores problemas, a superpopulação, tem causas religiosas: quanto mais crente um casal, mais filhos tem, pois são vistos como bênçãos e recompensas divinas (justamente por isso, em 2100 o Islã ultrapassará o Cristianismo e se tornará a maior religião).

Não é preciso ser um gênio para perceber que a base da crença em Deus é o medo: medo de não saber por que o Universo existe, medo de não saber como a vida surgiu, medo de não saber o sentido da vida, medo de morrer, medo de não voltar a viver, medo de desagradar ao Criador do Universo, medo de por ele ser castigado, medo de pecar, medo de ir para o Inferno, medo de questionar, medo de divergir, medo de duvidar, medo de desobedecer à igreja, medo de criticar o pastor, etc. A Bíblia e o Alcorão mandam seus leitores temerem Deus e os ameaçam de sérias consequências se não o fizerem.

Ou Deus é amor ou não. Se é amor, não pode castigar suas criaturas apenas por nele não acreditarem. É contraditório. É imoral. É perverso. E até faz mal. Num vídeo que publiquei sobre muçulmanos que estão dando as costas às loucuras do Islã e abraçando o Ateísmo, recebi este comentário em forma de desabafo:

seguia, eu me culpava ainda mais. Na internet, conheci muitos cristãos que me culpavam por eu não conseguir me converter. Uns diziam que eu não conseguia porque não estava querendo. Já outros, porque eu não tinha procurado Deus por amor, e sim por medo. Isso me causava ainda mais culpa e questionamentos. Eu chorava e me perguntava como fazer para surgir em mim esse sentimento de amor por esse deus. Eu dizia: "Deus, não tenho culpa de não te amar. Como vou procurar o Senhor por amor, se não te amo?". Tentei de tudo. Parei de me masturbar e assistir vídeos pornôs. Eu não era viciado, mas como era, e ainda sou, solteiro, assistia de vez em quando. Parei de ouvir música secular. Parei quase tudo na minha vida que para o deus bíblico era pecado. Mesmo assim, eu não conseguia amar esse deus. Ao me ajoelhar para orar, vinha só angustia, pois eu não conseguia adorar esse deus de jeito nenhum. Eu não sentia nada. Nem ao menos a certeza de que ele estava me ouvindo eu tinha. Até pela falta de fé os cristãos me culpavam. Diziam que eu não tinha fé porque eu não queria. Vi a Bíblia como a última esperança de ser um cristão de verdade, como os outros. Eu estava apavorado com medo do Inferno. Então, peguei a Bíblia para ler. Eu já tinha lido algumas coisas dela, aleatoriamente, nada a fundo, só algumas passagens de Salmos e tal. Decidi ler a Bíblia toda. Comecei a ler Gênesis, e em Gênesis já fiquei apavorado, mas apavorado de verdade! Eu sentava na cama, suando frio, e dizia a mim mesmo: "Não, não é possível isso que estou lendo. Que horror!". Eu não aceitava fingir que era eu que não estava entendendo aquilo. Eu sabia que estava. Até tentei mentir para mim que aquilo tinha outro contexto. Mas vi que não tinha, e que era aquilo mesmo que eu estava lendo. Foi um choque. Sabe o que aconteceu? Entrei em depressão. E por que? Porque coloquei na minha cabeça que eu não era um escolhido e por isso o Espírito Santo não fazia eu entender a Bíblia da forma que os outros cristãos entendiam. Eu parava e pensava: "Se estou lendo a Bíblia e vendo um livro horrível, o mais horrível que minha mente já ousou imaginar, e vendo o deus da Bíblia como um monstro, um dos piores de todos os monstros que minha mente já foi capaz de imaginar, então tem alguma coisa errada comigo, pois os outros cristãos lêem a Bíblia e acham ela linda. Dizem que tira muita gente das drogas e do mundo do crime. Dizem que na Bíblia tem amor. Então, por que não vejo isso?". Coloquei na minha cabeça que eu tinha blasfemado contra o Espírito Santo e por isso eu não via a Bíblia como os outros cristãos. Quanto mais eu lia a Bíblia, mais eu ficava chocado. Eu não aceitava aquilo como algo justo, vindo de um deus de amor. Era tudo muito sórdido, inescrupuloso. Não tinha justificativa que me convencesse de que aquilo não era do jeito que eu estava lendo. Com medo do Inferno, afundei em depressão. Foi muito triste o que passei. Eu não sentia vontade de comer. Nem água eu sentia vontade de beber. Abandonei o tratamento dos rins. Eu ficava só chorando e angustiado no quarto, me imaginando dentro do fogo, queimado para todo o sempre. Eu me ajoelhava e pedia para esse deus não fazer essa maldade comigo, mas só vinha angustia e a certeza de que eu não era um escolhido. Eu não via a Bíblia como algo bom, então eu não tinha o Espírito Santo, e se eu não tinha o Espírito Santo, eu não era um escolhido. Foi um período muito difícil de medo no meu quarto. Eu nem tinha mais lágrimas para chorar, só medo e mais medo. Perdi oito quilos. Ninguém sabia o que estava acontecendo, só eu. Eu não escovava os dentes e nem tomava banho. Eu sentia vontade de me masturbar e não podia, para não irritar ainda mais esse deus. Às vezes, a pressão era tão grande que, para aliviar um pouco, eu acabava me masturbando, mas na hora que eu ejaculava vinha culpa e muito medo. Então eu prometia a esse deus que eu não iria fazer mais isso. Às vezes, eu tinha sonhos eróticos e ejaculava dormindo. Aí, eu acordava todo melado e começava a chorar com medo, porque eu sabia que o deus bíblico condenava isso. Por outro lado, eu não tinha mais nada a perder, pois eu já estava mesmo condenado ao Inferno. Pensei até em tirar minha vida, mas ainda bem que não tive coragem. Quando não aguentei mais, pedi ajuda à minha mãe e disse a ela que eu estava com depressão. Não contei o motivo, pois eu não iria dizer: "Mãe, estou com depressão porque vou para o Inferno". Ela marcou para mim uma consulta, e a psiquiatra me receitou remédio de depressão. Enfim, não sei se foi o remédio que ajudou um pouco, só sei que estou me reerguendo aos poucos, mudando minha mente. E cada vez mais cético. Não posso dizer que sou ateu, pois se eu falasse isso não estaria sendo sincero, mas creio cada vez menos. De uma coisa tenho certeza: o deus da Bíblia não é bom, não é amor, a Bíblia não é linda e tem contradições, sim. Não existe justificativa para o injustificável, e ninguém na face da Terra vai fazer eu achar as barbaridades cometidas pelo deus bíblico algo bom e justo. Minha vida sempre foi difícil, tanto por questões financeiras como por problemas de saúde que sempre enfrentei, mas não vou mais deixar que o Cristianismo destrua minha vida, que já não é das melhores. Caminho a passos largos para o Ateísmo. O medo ainda existe, mas não vai mais me dominar.

A maioria das crenças vive de apavorar as pessoas, mas nenhuma as apavora mais que o Cristianismo. Obcecadas pelos delírios do livro do Apocalipse, com suas profecias envolvendo inclusive animais com seis asas cheias de olhos e uma besta com sete cabeças e dez chifres, igrejas chegam a produzir filmes sobre o fim do mundo, inescrupulosamente mostrados também a crianças. Recordo-me de como uma dessas películas, exibindo adventistas sendo perseguidos e mortos e Deus derramando pragas causadoras de indescritíveis tormentos, deixou-me assombrado por meses. No site *IMDb*, um espectador do filme *A Imagem da Besta*, de 1981, comentou:

Outro escreveu:

Por ser antigo e predominante (lembrando que essa predominância foi alcançada por meio de guerras e conquistas), a maioria das pessoas vê o Cristianismo como bom, no mínimo inofensivo. Não lhes passa pela cabeça que ele possa causar traumas psicológicos e até arruinar vidas. Afinal, é a religião do amor, certo? Errado. Se fosse, cristãos não teriam passado séculos cometendo indizíveis atrocidades, convictos de que estavam fazendo a vontade de seu Mestre. Primeiro que o Cristianismo obviamente não é o inventor do amor. E segundo que é baseado num livro do qual amor é, quando muito, 5%. Os restantes 95% da Bíblia são imposição de culpa e medo. Uma crença que, não importando quão boas sejam, incrimina as pessoas pela morte de Jesus e as ameaça de tortura (num lago de fogo e enxofre) não pode — e não deve — ser chamada de "religião do amor" e considerada inofensiva. Com doutrinas assim, como haveria a maior religião do mundo de não angustiar milhões de pessoas?

Doutora em Desenvolvimento Humano e Estudos da Família, a psicoterapeuta filha de missionários e hoje ateia Marlene Winell mantém uma organização de apoio psicológico a pessoas que sofrem do que rotulou de *Religious Trauma Syndrome* (Síndrome do Trauma Religioso). Numa entrevista a Valerie Tarico, doutora em Aconselhamento Psicológico e autora de livros e artigos sobre traumas religiosos, Winell disse:

ção dos filhos podem ser destrutivos. O trato emocional e mental em grupos religiosos autoritários pode ser danoso por causa de ensinamentos tóxicos, como tormento eterno e Pecado Original. Alguns dos sintomas são medo e ansiedade. Pessoas doutrinadas no Cristianismo fundamentalista quando crianças às vezes têm lembranças de ficarem aterrorizadas com imagens do Inferno e apocalipse antes de seus cérebros serem capazes de dar sentido a tais ideias. Alguns sobreviventes têm flashbacks, ataques de pânico ou pesadelos na idade adulta, apesar de não mais acreditarem. Uma cliente minha, que durante o dia funcionava bem profissionalmente, lutou muitas noites contra um intenso medo. Ela disse: "Eu tinha medo de ir para o Inferno, de estar fazendo algo muito errado. Eu estava completamente fora de controle. Às vezes, eu acordava no meio da noite e começava a gritar e me debater, na tentativa de me livrar do que eu estava sentindo. Eu andava pela casa tentando pensar, conversar comigo mesma, me acalmar, mas sentia que o medo e a ansiedade estavam tomando conta da minha vida". Além de ansiedade, a Síndrome do Trauma Religioso pode incluir depressão, dificuldades cognitivas e problemas com o funcionamento social. No Cristianismo fundamentalista, o indivíduo é considerado depravado e necessitado de salvação. Uma de suas mensagens centrais é "Você é mau e errado, e merece morrer". Isso é ensinado a milhões de crianças. Tive clientes que se lembram de terem ficado desesperados ao verem uma vívida e sangrenta imagem de Jesus pagando o preço final pelos pecados deles. Décadas depois, eles me dizem que não conseguem ter autoestima alguma.

Num vídeo do YouTube duma palestra de Tarico, alguém comentou:

Também eu me apaixonei por esse conto de fadas por 50 anos. Infelizmente, nasci nele. O Cristianismo nada mais é que chantagem mental e emocional. Liderei cultos, fui pastor, fiz de tudo numa igreja cristã não denominacional. Foram anos submetendo outros a doutrinação abusiva. Sinto vergonha de ter acreditado nisso e convencido outros. Felizmente, acordei. Quando fiquei tão deprimido que até contemplava suicídio, comecei a pensar criticamente sobre como curar minha própria depressão. Passei a escutar subjetivamente, e descobrir que era o dogma me doutrinando foi um choque. A contínua doutrinação de estar perdido e ser indigno é um ensinamento de impotência, fraqueza, dependência, uma maneira doentia de viver. Hoje, sou liberto da religião e mais feliz que nunca, mas a jornada de retorno à realidade tem sido lenta e dolorosa.

Se eu a judeus, cristãos e muçulmanos disser que, ao contrário do que acreditam, Deus não é bom, e sim mau, acharão isso absurdo. Crentes consideram natural acreditar num deus de amor, mas naturalmente se recusariam a acreditar num deus de ódio. Quando ateus, que não creem em Deus por causa, entre outras coisas, da maldade no mundo, a crentes perguntam "Se Deus é bom, por que há maldade no mundo?", estes respondem "Porque, não querendo que fôssemos marionetes, Deus nos dotou de livre-arbítrio. Há maldade no mundo porque, fazendo uso do livre-arbítrio, algumas pessoas decidem praticar o mal". Por esse raciocínio, posso afirmar que, se existir, Deus é mau e sente prazer em ver pessoas praticarem o mal. Crentes perguntarão: "Se Deus é mau, por que há bondade no mundo?". Responderei: "Porque, não querendo que fôssemos marionetes, Deus nos dotou de livre-arbítrio. Há bondade no mundo porque, fazendo uso do livre-arbítrio, algumas pessoas decidem praticar o bem". Como se vê, não há erro de lógica algum em afirmar que Deus é mau. Se existir, é perfeitamente possível Deus não ser amor, e sim ódio (afinal, terremotos, furacões e buracos negros tragarem sistemas solares, por exemplo, não são propriamente o que se poderia chamar de "bondades dum deus de amor"). Mesmo assim, a esmagadora maioria das pessoas acharia isso absurdo e naturalmente se recusaria a acreditar num deus de ódio. Agora, a *punchline*: se Deus pode ser mau, mas acreditar num deus mau é absurdo, também é absurdo acreditar num deus bom.

Em face de tantas crenças religiosas que mutuamente se desprezam, ridicularizam e até combatem, não é preciso ser um gênio para perceber que crer em Deus é histeria. Pelas muitas razões que aqui expus, acho extremamente improvável Deus existir. Porém, se existir, que exista! E daí? Se Deus existe, não é necessário acreditar nele, e se não existe, muito menos. Por que essa preocupação? Por que querer convencer os outros de que é imperativo adorá-lo? "Deus existe?" não pode ser a única pergunta. Mais importante é se perguntar: "Por que crer em Deus?". Afinal, muda o que? Traz que benefício? Se não extingue catástrofes naturais, doenças, violência, guerras e fome, para que serve a crença em Deus?

Em face do que ocorre no Universo, mas sobretudo na Terra, se Deus existir ele obviamente não se importa com a Humanidade, pelo que não há razão para a Humanidade se importar com ele. Se Deus existe, não é o ser humano que tem de se sentir mal por não crer, e sim Deus por dar ao ser humano motivos para não crer.

O Cristianismo inculca em seus seguidores que, se derem as costas a Deus, tornar-se-ão "adoradores de imagens, arrogantes, bisbilhoteiros, caluniadores, depravados, desafetos, desleais, desobedientes, enganadores, fúteis, gananciosos, homicidas, impiedosos, implacáveis, impuros, indecentes, inimigos, injustos, insensatos, insolentes, invejosos, maldosos, maliciosos, mentirosos, pecaminosos, perversos, presunçosos, rivais e homossexuais" (Romanos 1). Não sei o que há de errado comigo, mas tornar-me ateu não fez minha vida descambar, muito menos para o mal. Pelo contrário: na internet, deparo-me com tantos crentes e líderes espirituais destilando ódio que me sinto melhor pessoa que eles e dou graças à Razão por ter me tirado desse tóxico mundo paralelo.

Penso que deixei mais claro que uma erupção de raios gama que os deuses das religiões são ridículos, não há evidências, quem dirá contundentes, de que Deus existe e, em si, a ideia de Deus nem sequer faz sentido. Acreditar em Deus é, portanto, uma tremenda perda de tempo (e, se você é membro de igreja, dinheiro).

Que tal terminar com humor, ainda por cima inteligente? No filme *A Vida de Brian*, o protagonista é integrante dum movimento clandestino de resistência que, na Palestina dos tempos de Jesus, luta contra a ocupação romana. Considerado terrorista, Brian é procurado pela "polícia". Um dia, para despistar soldados romanos que estão em seu encalço, ele se mistura a profetas pregando numa praça e os imita. Alguns passantes param para ouvi-lo. Apesar de estar apenas fingindo, quanto mais Brian prega mais pessoas se amontoam em frente a ele. Os guardas não o reconhecem e vão embora. Ele abruptamente para de pregar e foge, mas é perseguido por um povaréu que exige o resto do sermão. Com muito sacrifício, Brian consegue se safar da turba e corre para casa. Na manhã seguinte, ao abrir a janela do quarto ele dá de cara com uma multidão tão grande que ocupa toda a rua, com pessoas até em cima dos muros. Quando o veem, elas bradam: "Messias! Messias! Messias!". Perplexo e irritado, Brian exclama:

Vocês entenderam tudo errado. Não precisam me seguir. Não precisam seguir quem quer que seja! Têm de pensar por si mesmos. Vocês são todos indivíduos. Todos diferentes. Têm de se virar por si mesmos. Não deixem pessoa alguma dizer a vocês o que fazer.

Eu, Deus

Olá, sou Deus.

Sim, vocês ouviram bem: sou Deus, o Criador do Universo.

Segurem-se, porque vou dizer uma coisa que vai abalar vocês, mas é a mais pura verdade: é a primeira vez que me comunico com a Humanidade. Nunca apareci a ninguém e nunca falei com ninguém.

Isso significa que o que vocês pensam que sabem sobre mim é mentira. É tudo invenção de loucos e espertalhões. Todos os deuses, inclusive Javé, Jesus e Alá, e todas as religiões, inclusive o Judaísmo, o Cristianismo e o Islã, são falsos.

Nunca mandei ninguém escrever livro nenhum, muito menos a Bíblia e o Alcorão, os livros que sobre mim mais espalham mentiras. É incrível tanta gente acreditar que sou o autor desses livros, quando é evidente que são cheios de absurdos, violência, imoralidade e perversidades. Por acreditarem nas mentiras que a Bíblia sobre mim conta, cristãos passaram séculos escravizando, perseguindo, torturando e queimando gente, crentes de que estavam fazendo minha vontade.

Fiz a Natureza desenvolver em vocês a faculdade de intuitivamente sentir o que é certo e o que é errado. Como, então, puderam e podem vocês seguidores da Bíblia considerar certo eu afogar pessoas e animais, enviar pragas sobre o Egito, matando também crianças, ordenar apedrejar pessoas, invadir e destruir cidades, matando também crianças, e castigar pessoas com pestes, secas e fome? A Bíblia me retrata como sendo um milhão de vezes mais perverso que Hitler e Stalin. E vocês acham isso normal? Pior: digno de louvor? Como puderam e podem vocês achar certo adorar um psicopata genocida? Afinal, se eu fosse como a Bíblia e o Alcorão dizem que sou, é exatamente isso o que eu seria: um psicopata genocida.

E por falar em adorar, uma das coisas que mais ojerizo é bajulação. Haveria um ser que fez trilhões de galáxias de sentir necessidade de ser adorado? Eu teria de sofrer de severo transtorno de personalidade narcisista para exigir algo tão detestável quanto o que a Bíblia diz que exigi: sacrifício de animais. Desculpem a sinceridade, mas os rituais que vocês ainda hoje praticam para me bajular são bizarros. Nunca pedi nada de vocês. Todas as exigências religiosas são idiotices inventadas por gente estúpida.

Com pouquíssimas exceções, como os *negro spirituals*, compostos por pessoas escravizadas por cristãos, as músicas que vocês cantam para me louvar são horríveis. E que negócio é esse de ficar um ou mais dias sem comer para me convencer a ajudar vocês? É uma das coisas mais ridículas que já vi. Se eu quisesse ajudar vocês, eu ajudaria. Vocês não precisariam se humilhar, muito menos dessa maneira tão constrangedora.

Dessa balbúrdia de religiões inventadas por loucos e espertalhões, as igrejas pentecostais estão entre as mais grotescas. É incrível tanta gente acreditar que gosto de berreiro e pandemônio. Tenho nojo de pastores e pastoras que, aproveitando-se da credulidade e da angústia de ignorantes, vivem de prometer cura.

Sinto muito desapontar vocês, mas os bilhões de orações que vocês todo santo dia fazem são totalmente em vão. Não faço milagres. Fiz a Natureza dotar vocês da capacidade de viverem bem, em harmonia, mutuamente se ajudarem e, através da Ciência, por muitos de vocês tão combatida, resolverem todos os tipos de problemas, inclusive físicos e de saúde. Se todos se servissem dessa capacidade, vocês parariam de sonhar com o Céu, outra das muitas mentiras religiosas inventadas para controlar vocês.

Se vocês fizessem uso do bom senso, jamais acreditariam na mais perversa de todas as doutrinas fabuladas por estúpidos manipuladores: o Inferno. Não consigo entender como vocês podem sequer imaginar que sou capaz de torturar pessoas, quem dirá por duvidarem da minha existência! Se não torturo nem mesmo quem pratica maldades, muito menos quem não acredita em mim. Sou o criador da lógica e da razão. Quem duvida da minha existência está fazendo uso do pensamento crítico que eu inventei. Como eu disse, não suporto bajulação. Então, não me importo de alguém não acreditar em mim. Aliás, vou confessar a vocês uma coisa, e espero que não se ofendam: no geral, gosto mais de descrentes que de crentes, pois descrentes não espalham mentiras sobre mim.

Quem dera todos vocês fossem livres-pensadores, e não apenas uma pequena minoria. Parem de seguir religiões, credos, crenças, cultos, dogmas, igrejas, ritos, seitas, abades, adivinhos, agoureiros, aiatolás, apóstolos, arcebispos, arcediagos, arciprestes, arquimandritas, astrólogos, babalaôs, babalorixás, beatos, benzedeiros, bispos, bruxos, capelães, cardeais, cartomantes, clérigos, cônegos, corepíscopos, curandeiros, deãos, decanos, devotos, diáconos, eclesiásticos, encantadores, evangelistas, feiticeiros, frades, gurus, iluminados, imames, macumbeiros, magos, mandingueiros, médiuns, missionários, monges, monsenhores, necromantes, núncios, ocultistas, padres, pajés, papas, párocos, pastores, patriarcas, pontífices, pregadores, prelados, presbíteros, primazes, priores, profetas, protodiáconos, rabinos, religiosos, reverendos, sacerdotes, videntes, vigários e xamãs. Vocês não precisam, de fato não devem, seguir ninguém.

O céu e o inferno dos perversos livros sagrados que vocês seguem não existem, mas vocês — e não é preciso ser um gênio para entender isso — têm o poder de transformar o mundo num céu ou num inferno. Não existe vida após a morte, muito menos eterna. Vocês têm só essa vida.

Como eu disse, nunca pedi nada de vocês, mas hoje vou pedir. Não porque eu precise, afinal não preciso de nada, mas porque vocês precisam, já que passam a vida buscando a felicidade, ao mesmo tempo em que insistem em rejeitar a simples fórmula para encontrá-la, talvez justamente porque ela seja tão simples. Vocês teimam em achar que a fórmula da felicidade precisa ser complicada. Só que não é.

Façam sempre só o bem.

No dia em que todos vocês fizerem sempre só o bem, terão convertido esse pálido ponto azul, que vocês chamam de Terra, num paraíso.

Peço licença, mas tenho novos universos para criar.

Boa sorte!

Desintoxicação

"O conteúdo é tóxico.
Ninguém é imune, é lógico.
Programado apenas pra aceitar,
direcionado pra não questionar.
Vá em busca, pra encontrar seu lugar.
Não seja só uma peça pra engrenagem rodar.
Não é a verdade, mano. O que eles querem
é tentar impedir que os fatos se revelem,
que as mentes se rebelem,
que você possa ir além,
pra buscar algo que te faça bem."

— Mussoumano
(*Tóxico*)

Ajuda Para Sair da Igreja

Qual a probabilidade de uma pessoa que nunca tenha seguido religião alguma crer em seres e lugares invisíveis? Pois é. A maior prova de que religião é lavagem cerebral é ela fazer você acreditar em coisas que não existem.

Embora tenham uma base comum, obviamente as religiões não são iguais. Umas são piores que outras. Em se tratando do Cristianismo, quanto mais biblicista uma denominação, mais profunda a lavagem cerebral e, consequentemente, mais penosa a desprogramação, que pode levar mais tempo se a pessoa foi, como se diz, criada na igreja.

Quem nunca foi membro de igreja, ou duma saiu com facilidade, não consegue imaginar que o Cristianismo possa causar traumas psicológicos. Mesmo nela não (mais) acreditando, vê a religião de Jesus como inofensiva. Isso se deve ao fato de o Cristianismo ser antigo. Foi trazido às Américas há 500 anos pelos europeus, que o praticavam já há séculos. Por conseguinte, está enraizado em nossa cultura. A ele acostumada, a maioria das pessoas pensa apenas em suas doutrinas bonitinhas, como perdão e caridade. A verdade é que o *Novo Testamento* ensina também coisas com o potencial de gerar transtornos emocionais e que podem continuar a assombrar pessoas que já saíram da igreja, por exemplo:

- Alienação da realidade (O mundo está sob domínio do Diabo e é mau. Quase tudo é mundano, ou seja, pecado. Seu mundo é o Céu).

- Aterrorização (O pecado contra o Espírito Santo, profecias sobre o fim do mundo e o Juízo Final apavoram as pessoas e infligem medo de se perder).

- Aversão a erudição (Inteligência e sabedoria são loucuras. O Reino dos Céus é dos pobres de espírito).

- Controle total (Deus está vigiando você dia e noite e anotando num livro todos os seus atos e pensamentos).

- Crueldade (Tortura eterna num lago de fogo e enxofre, inclusive por simplesmente duvidar).

- Ensinamentos impossíveis e maus (Amar seus inimigos, não se preocupar com o amanhã e ser perfeito como Deus. Com fé, tudo é possível. Não se defender de agressões físicas, nunca negar empréstimo às pessoas, vender tudo para seguir Jesus e por sua causa odiar a própria família e a própria vida).

- Fanatismo (Demônios existem, entram em pessoas, causam doenças e têm de ser expulsos por meio de exorcismo).

- Humilhação (Você é mau de nascimento, insignificante, indigno, merecedor de castigo e necessitado de salvação).

- Imposição de culpa e vergonha (Você também é responsável pela tortura e morte de Jesus).

- Inferiorização da mulher (A mulher deve ser submissa ao homem porque foi criada depois dele e para ele. De no mundo haver desgraças e sofrimento, que são consequências do pecado, é culpa da mulher).

- Injustiça (Por Eva e Adão terem desobedecido a Deus, você também merece sofrer).

- Promessas absurdas e perigosas (Não é necessário buscar ajuda médica e tomar remédios, pois doentes podem ser curados pelo poder da oração).

- Repressão sexual (Sentir atração sexual por uma pessoa sem com ela ser casado é pecado. Homossexualidade é mau e homossexuais merecem morrer).

- Sacrifício humano (A crucificação de Jesus para aplacar a ira de Deus e a glorificação de Abraão e Jefté, que se dispuseram a imolar seus filhos para Deus).

- Sadismo (Para testar sua fé, Deus faz, ou deixa, você sofrer. Se for perseguido e sofrer por causa de Jesus, você tem de se alegrar).

- Submissão incondicional (Todos os governantes são instituídos por Deus. Consequentemente, também os maus).

Livrar-se da igreja é relativamente fácil, comparado a libertar-se da estrutura psicológica da religião cristã. Exemplos de padrões mentais reforçados pelo Cristianismo:

- Detecção hiperativa de culpa (Você conhece alguma outra religião que culpa as pessoas até por crimes que elas não cometeram [a desobediência de Adão e Eva e a crucificação de Jesus]? Tiago 5:16 manda os cristãos confessarem seus pecados uns aos outros, convertendo-os em verdadeiros halterofilistas do músculo da culpa. Vivemos num mundo cheio de coisas que devemos e não devemos fazer. Uma vez que a tudo o Cristianismo biblicista dá um enorme peso, falhas do dia a dia [coisas que deixamos de fazer e objetivos que não alcançamos] são vistas como falhas morais).

- Idealizando líderes (Viver numa nuvem de ansiedade nos torna mais suscetíveis a demagogos e autoritários, pessoas que exalam a autoconfiança que nos falta, transmitem saber o que é verdade e certo e como resolver problemas, alimentam-se de nossos medos e vontade de ser bons e fazer o bem. Aproveitando-se de que nos sentimos pecadores, dizem-nos como podemos nos redimir. Exploram nosso pensamento dicotômico, reforçando nossa sensação de que as pessoas que não compartilham nossa visão de mundo são más e devem ser silenciadas ou derrotadas).

- Mocinhos e bandidos (Jesus disse: "Aquele que não está comigo, está contra mim; e aquele que comigo não ajunta, espalha". No pensamento preto e branco, as pessoas são ou um de nós ou um deles, ou patriotas ou comunistas, ou antirracistas ou racistas. Discordância é sinônimo de heresia e separação. Quando cristãos descobrem os defeitos de figuras públicas, como Bill Gates, mudam-nas da caixa dos mocinhos para a dos bandidos. O Cristianismo não oferece um modelo mental em que as pessoas são complicadas e, mesmo assim, decentes. Somos todos caídos [segundo João Calvino, totalmente depravados] e ou lavados no sangue de Jesus ou ferramentas de Satanás).

- Nunca sentir-se suficientemente bom (Visto terem consciência de suas falhas, muitos cristãos acham difícil eles mesmos ficarem fora da caixa dos bandidos. Alguns alternam entre "Sou uma maravilha" e "Sou um lixo". Outros têm um irritante crítico interno que lhes diz que nada do que fazem é bom o bastante. Afinal, o padrão bíblico é a perfeição).

- Pensamento tudo ou nada (Não existem pecadinhos. Jesus disse que uma pessoa pode ser jogada no lago de fogo e enxofre apenas por xingar. Jesus mandou as pessoas serem perfeitas. Pedro as manda ser santas. Cristãos moderados são depreciados como mornos, pelo que são vomitados da boca de Deus. Você está ou salvo ou perdido. Esporte? Desfrutar não é suficiente. Você precisa mergulhar de corpo e alma ["Sem dor, sem ganho"]. Trabalho? Você é um trabalhador de verdade só se voltar ao computador depois do jantar. O direito de se gabar começa com 60 horas por semana. Política? Quanto mais absolutistas forem suas declarações, mais seguidores você ganhará).

- Problemas sexuais (Para muitos ex-cristãos, é impossível falar de culpa sem falar de sexo. Na Bíblia, o sexo tem tanta gravidade que adulterar e cobiçar a mulher do próximo chegam a dividir a lista dos dez piores pecados com matar e furtar. À virgindade e pureza de Maria [só uma mulher não usada poderia ser boa o suficiente para dar à luz um filho perfeito] é dado um valor tremendo. O livro da capa preta transmite a ideia de que sexo é uma coisa imunda. Prova disso é que, após o coito, homens e mulheres tinham de se purificar cerimonialmente — apesar de serem casados. A maioria das igrejas, se não todas, considera a masturbação pecado. Algumas até juram que ela faz mal à saúde. Confirmando o *Velho Testamento*, o *Novo* joga todos os homossexuais na mesma panela e os acusa de escolherem ser homossexuais, ainda por cima pelo mero prazer de praticar a maldade).

- Ruptura apocalíptica (Ex-cristãos não esperam mais o arrebatamento, a marca da Besta ou Jesus montado num cavalo branco. Mesmo assim, a ideia de fim do mundo, agora na forma, por exemplo, de holocausto nuclear, pandemia ou superpopulação, ainda assombra muitos deles e afeta sua cosmovisão).

- Viver para o amanhã (Pessoas que consagram sua vida a Deus focam mais no futuro que no presente. Para quem está de olho no prêmio celestial, as pequenas maravilhas do dia a dia, que constituem o centro da alegria duma vida consciente, são meras distrações. Uma canção cristã americana sobre o Paraíso diz: "É uma felicidade saber que estou só de passagem". O hábito de focar no futuro pode dificultar concentrar-se no presente, ver e desfrutar as belezas do momento).

Há algum tempo, você se deu conta de que a Bíblia contém absurdos. Isso gera conflito interno: você foi induzido a considerar bom o Cristianismo, mas, agora, percebe que o livro em que ele está fundamentado ensina também maldades. Por algum motivo, a lavagem cerebral religiosa não está mais conseguindo forçar você a justificar as doutrinas perversas da Palavra de Deus. Além disso, você nota que entre muito do que a Bíblia diz e a realidade há uma enorme discrepância.

Você quer se libertar dessa prisão ideológica, mas esse é um daqueles casos em que falar é fácil, fazer é que é difícil. Afinal, a lavagem cerebral religiosa passou, quem sabe, décadas ameaçando você de tortura num lago de fogo e enxofre por duvidar. Em você, ela inculcou que hesitar é mau e culpa sua: você está sendo fraco e dando ouvidos ao inimigo. Ademais, muito provavelmente toda sua família e todos os seus amigos são evangélicos. Talvez você até trabalhe para um membro da igreja. Por isso, você se sente só, tem receio e não sabe como proceder. Tenho certeza de que estas reflexões o ajudarão:

Conscientize-se de que o medo que você talvez ainda tenha de definitivamente romper com a religião foi embutido em você por ela mesma. Não é preciso ser um gênio para perceber que a ameaça de castigo infernal é uma arma para impedir você de fugir da prisão religiosa. É Deus apontando um revólver para sua cabeça e dizendo: "Acredite em mim, obedeça-me, ame-me e adore-me, senão…". Ora, qualquer sistema de ideias que coaja você a aceitar e o intimide a não questionar é perverso e merece ser jogado no lixo.

Seja honesto consigo mesmo. A religião não está mais fazendo sentido para você. Então, pare de forçá-la a fazer sentido. Exatamente como num relacionamento abusivo, a religião põe a culpa em você e o manda se esforçar mais. Caia na real. Você já percebeu que religião é um universo paralelo. Pare, portanto, de tentar viver no universo paralelo da religião. Se, por receio de magoá-los ou embravecê-los, você está mantendo as aparências, fazendo de conta que ainda crê, um dia você terá de dizer a verdade a seus familiares e amigos. Não é fácil, mas necessário, para ter integridade pessoal e saúde mental. Não poupe as pessoas de terem sentimentos negativos para com sua perda de fé. Você não está cometendo maldade alguma. Seus relacionamentos passarão por alguns desafiadores ajustes, mas valerá a pena. Se você é adolescente e seus pais o ameaçam de castigo físico, denuncie-os. Ninguém tem o direito de obrigar você a ir à igreja.

Acalme-se. Acalmando-se, você retomará o controle de sua mente. A religião passou anos intoxicando você. Então, desintoxicar-se dela leva tempo. Você terá de lidar com diversas emoções e sentimentos, como ansiedade, raiva e solidão. Contudo, aos poucos você reconquistará a confiança em sua habilidade para pensar por si mesmo, expressar seus próprios pontos de vista e tomar decisões. Por fim, suas feridas sararão. Você se sentirá mais forte e capaz de se amar e cuidar de si mesmo. Ainda que se sinta só, você não o está. Muita gente passou pelo que você está passando. Leia histórias de desconversão. Se é difícil deixar o Cristianismo, pense em quão mais difícil é deixar o Islamismo. Apesar disso, todo ano milhares de pessoas abandonam o Islã e se tornam ateias, ou irreligiosas. Algumas compartilham sua experiência em livros ou na internet.

Religião intoxica não só intelectual mas também psicologicamente, sobretudo se você foi doutrinado, ou seja, intoxicado desde criança. Uma pessoa pode se libertar da religião e mesmo assim continuar a ser por ela afetada. Doutrinas como Inferno e Fim dos Tempos ainda podem fazê-la ter pesadelos. Faça o trabalho de curar as feridas do abuso religioso. Obtenha apoio e ajuda de todas as maneiras que puder, em grupos on-line e locais, mas, se necessário, também dum terapeuta.

Religiões têm muito em comum com ditaduras. Não querem que você saiba demais, descubra seus podres. Você passou anos ouvindo que a Bíblia é divina e que sua igreja foi instituída por ninguém menos que o próprio Criador do Universo. Aprender sobre como esse amontoado de cópias de cópias de mais cópias de farrapos de fragmentos de pergaminhos da Idade do Ferro com historinhas também da Idade do Bronze foi compilado confirmará a você que de divino a Bíblia nada tem, e pesquisar a história das igrejas acabará com o último resquício de encanto que você ainda possa ter pela sua. Todas as denominações provém de discórdias e rachas. O próprio livro da capa preta conta que os primeiros cristãos brigavam entre si sobre quem sabia o que Deus realmente quer. Não muito depois, os adoradores de Jesus viriam a passar séculos mutuamente se massacrando por causa da Palavra de Deus. Não há, portanto, razões para você se sentir mal por rejeitar a Bíblia. Um livro que gera tanta arrogância, confusão, divisão, hostilidade e violência merece ser rejeitado. A religião não está mais controlando sua mente. Você, agora, é livre para adquirir conhecimento, por exemplo, em História, Filosofia e Ciência. Desfrute essa liberdade.

O Cristianismo infantiliza as pessoas. Coisas boas vêm de São Nicolau, aliás, Papai Noel (Deus) e coisas más vêm de Krampus (Diabo). Você é um robozinho controlado ou por Jesus ou por Satanás. A religião cristã torna as pessoas também dependentes. "Fraco e sem vigor", como diz uma famosa música evangélica, você não sai de casa sem implorar proteção divina, e é só com a ajuda de Deus que você alcança alguma coisa. Liberto dessa infantilidade, você precisará repensar quem é você e o que é a vida. Terá de aprender a confiar em si mesmo e assumir responsabilidade por suas escolhas. Crie uma vida em torno de novos valores e que funciona para você. A vida é uma aventura. Então, aventure-se. Abra-se para novas experiências e amigos.

Evangélicos são condicionados a ver sua igreja como sua família e treinados a repetir "Deus está no comando". Com sua doutrina de recompensa após a morte, o Cristianismo faz você negar a realidade, alienando-o do mundo. Ora, perfeição não existe em lugar algum do Universo. Logo, neste planeta também não. Ele, porém, é nosso mundo. Então, encare a realidade. Encará-la ajudará você a pôr sua vida nos trilhos. Aceite a ideia de que sua casa é a Terra e sua família, a Humanidade. Qualquer criança percebe que nenhum deus está no comando. Melhorar o mundo depende de nós. Você pode contribuir para a solução de alguns problemas. Estamos todos interligados. Junte-se a outros para tornar nossa casa um lugar mais agradável.

À medida que reconhece que você faz parte não dum mundo invisível, imaginário, mas deste, o real, você percebe que, ao contrário do que a religião em você inculcou, você tem valor e não precisa merecer existir. Abrace esta vida, sem se preocupar com uma próxima. Curta estar vivo. Você tem o direito de gozar a vida sem sentimento de culpa. Sua vida, agora, não é regida por um monte de regras, muitas delas ridículas, mas por só uma: não fazer mal. Em vez de julgar as pessoas, busque apreciá-las. Recupere sua criatividade e se expresse da maneira que quiser, e não mais para glorificar um ser invisível. Ame-se e orgulhe-se de si mesmo. Considerando que a religião ainda aprisiona a mente de bilhões de pessoas, sinta-se privilegiado e desfrute o inestimável prazer de ser um livre-pensador.

[Escrevi este capítulo inspirado em ideias de duas grandes psicólogas, as doutoras Marlene Winell e Valerie Tarico, especializadas em desprogramação da lavagem cerebral religiosa.]

Propague o Livre Pensamento

Se o caro leitor não gostou de meu livro, diga-o a mim. Não tenha medo: não mandarei você para o Inferno. Se gostou, diga-o a seus parentes e amigos, mas também ao mundo, escrevendo uma avaliação na Amazon.

Leia também meus outros livros *Liberto da Religião* e *Com Zeus Não Se Brinca*.

Ofereço todos os meus e-books grátis (suas versões impressas, a preço de custo). Dedico minha vida a, por todos os meios possíveis, ajudar pessoas a se libertar da prisão religiosa — e não ganho um tostão por isso.

"Quero parabenizá-lo e agradecer-lhe por seu árduo trabalho de tentar esclarecer os cabeças-duras. Você tem razão em tudo! Tenho 67 anos, fui evangélico toda minha vida, pastor por 20 anos. Hoje, estou livre do engano."

— Joaquim Luiz de Godoi

Se você valoriza a propagação do Livre Pensamento, visite:
sites.google.com/view/livrepensamento

9 798805 405434